Joseph Vilsmaier

Eine Legende kehrt zurück
Comedian Harmonists

Joseph Vilsmaier

COMEDIAN

Eine Legende kehrt zurück

HARMONISTS

Der Film

Gustav Kiepenheuer Verlag

Nachweise

Sämtliche Standfotos: Petro Domenigg

Die Porträts der sechs Hauptdarsteller: Jim Rakete © Senator

Die Rechte für sämtliche Abbbildungen aus dem Kapitel: M. Büttner,
Spezialeffekte, liegen bei DAS WERK, München.

Das historische Foto der Comedian Harmonists (S. 20/21) stellte uns
freundlicherweise Prof. Peter Czada, Berlin, zur Verfügung.

Er gewährte uns außerdem Zugang zu den Archiven Robert Biberti
und Harry Frommermann, die in der Staatsbibliothek zu Berlin,
Stiftung Preußischer Kulturbesitz, aufbewahrt werden,
und genehmigte den Abdruck der Dokumente auf den Seiten 31, 34, 35.

ISBN 3-378-01025-8

2. Auflage 1998
© Gustav Kiepenheuer Verlag GmbH, Leipzig 1997
Gesamtgestaltung Frank Eilenberger, Leipzig
Gesetzt aus »LinoLetter«
Reproduktion PPP, PrePrint Professional GmbH, Leipzig
Druck und Binden Kösel GmbH, Kempten
Printed in Germany

Klaus Richter

DREHBUCH

UND WIRKLICHKEIT

In John Fords Westernklassiker *Der Mann, der Liberty Valance erschoß* von 1961 reist James Stewart als greiser Senator zu John Wayne's Beerdigung an. Zwei neugierigen Journalisten erzählt er seine Geschichte, die eigentliche Filmgeschichte, in einer langen Rückblende, um mit einer zählebigen Legende aufzuräumen und wenigstens nachträglich die Wahrheit an die Öffentlichkeit zu bringen. Nicht er, der junge Rechtsanwalt Stoddard, war es, der einst den gefürchteten Banditen Valance erschoß, sondern der Farmer und Revolverheld Tom Doniphon alias John Wayne. Aber die Reporter wollen davon nichts wissen. Die Leute hier im Westen, erklären sie achselzuckend dem Senator, liebten nun einmal ihre Legenden. Wahrscheinlich, weil sie spüren, daß in ihnen die eigentliche, die innere, tiefere Wahrheit liegt. Rechtsanwalt Stoddard war es schließlich, der die kühne Vision hatte, Valance zur Strecke zu bringen und damit staatliches Recht gegen privaten Terror zu setzen. In dem Film geht es also explizit um das Verhältnis von Wirklichkeit und Darstellung. Einerseits stellt Ford eine ganze Reihe klischeehafter Westernmythen und -legenden in Frage. So durchbricht Tom Doniphon den Ehrenkodex beim Showdown und erschießt um jener Gerechtigkeit willen, die der Idealist Stoddard anstrebt, seinen Gegner von hinten. »Es war glatter Mord«, sagt er grimmig. »Aber ich kann trotzdem schlafen.« Andererseits läßt der Film jener Art von Legende ihre Daseinsberechtigung, in der Wahrheit liegt, und ist damit eine Liebeserklärung an den Western und das Kino überhaupt, in dem die Legenden stärker sind als die Wirklichkeit.

An *Liberty Valance* mußte ich denken, als ich zu Beginn meiner Drehbucharbeit vor der Frage stand, wie weit ich mich von der biographischen Wirklichkeit der Comedian Harmonists entfernen durfte. Und um welcher Legende, um welcher inneren Wahrheit willen?

Die Antwort fiel nicht schwer. Ich mußte nur die alten Platten auf- bzw. neuen CD's der alten Songs einlegen. Was ich da hörte, war ein lässiger, hochartifizieller, differenzierter und doch leichter, swingender Gesang, waren absurde, witzige Texte voller Freude an Wortspielen, war Selbstironie, war intelligente Unterhaltung, waren wehmütige Lieder ohne falsche Töne, war ausgelassene Lebenslust, waren Menschlichkeit, Wärme, Witz und Gefühl. Und danach mußte ich mir nur eine Hitlerrede anhören und den Badenweiler Marsch, mußte mir vielleicht noch am Abend den *Musikantenstadl* im Fernsehen reinziehen, um zu begreifen, worum es in einem Film über die Comedian Harmonists gehen müßte, nämlich um ein *Lebensgefühl* und dessen Bedrohung: durch eine wahnhafte Ideologie, die für ihre Ideen über Leichen geht; durch eine Unterhaltungsindustrie, die umso größeren Reibach macht, mit je verlogeneren Gefühlen sie ihre Kunden entmündigt; oder durch schlichte Dummheit.

Dieses intensive, heute würde man sagen: authentische Lebensgefühl bleibt aktuell, auch wenn es Formen und Verkleidungen wechselt. Es ist ebenso wenig klar zu definieren wie das Leben selbst, das macht seine Kraft aus. Wir finden es wieder in der frühen Swing-, Jazz- und Rockmusik. Wir finden es bei der amerikanischen Beat Generation genauso wie im französischen Existentialismus, wir finden es überall in der kleinen wie der großen Kunst, sofern sie Ausdruck des wirklichen, des widersprüchlichen, ungezähmten Lebens ist, nicht eines abstrakten Ideals. Und es gibt im strikten Gegensatz dazu ein anderes mächtiges Lebensgefühl, das eher ein Todesgefühl ist: das der größenwahnsinnigen Ideen, der einfachen Lösungen, des gewaltsamen Niederbügelns aller Widersprüche und Unübersichtlichkeiten des Lebens. »He not busy being born is busy dying«, wie es in einem alten Bob-Dylan-Song heißt.

Das, so dachte ich, als ich die Musik der Harmonists hörte und bevor ich eine einzige Drehbuchzeile schrieb, sollte *meine Legende*, meine innere Wahrheit sein: daß die Comedian Harmonists jene Größe, welche die Nazis als hohlen Popanz, als propagandistische Monstranz vor sich her trugen, wirklich besaßen, auch wenn sie sich auf den ersten Blick ganz bescheiden ausnahm, nämlich die Größe gelebter Menschlichkeit, die sich auch in ihrer kleinen, aber feinen Kunst ausdrückte; und daß in ihrer Musik eine Schönheit lag, die in ihrer Vielschichtigkeit dem platten faschistischen Schönheitsideal diametral entgegenstand – und es doch auf lange Sicht besiegt hat.

Zunächst schrieb ich, inspiriert von *Liberty Valance*, eine Rahmengeschichte. Gegenwart. Ein junger Berliner Musiker besucht Roman Cycowski, den einzigen Überlebenden der Comedian Harmonists. Der junge Mann ist an Leuten interessiert, die irgendwann mal einen eigenen Sound erfunden haben, und will nun die Wahrheit über die Comedian Harmonists wissen. Darauf erzählt der sechsundneunzigjährige Cycowski seinem Besucher folgenden jüdischen Witz: Zum Rabbiner kommt ein Geschäftsmann. »*Rebbe, alle Leute halten mich für reich. Die Wahrheit ist, ich bin ruiniert.*« – »*Wie kommst du auf die Idee? Du lebst doch wie ein Fürst.*« – »*Ich ersehe es leider aus meinen Geschäftsbüchern.*« Der Rabbi, weise: »*Nu, verbrenn die Geschäftsbücher!*« Soviel zum Thema Wahrheit. Und dann beginnt, als lange Rückblende, der eigentliche Film.

Später haben wir, Joseph Vilsmaier, die Coproduzenten, die Dramaturgen und ich, diesen Anfang wieder verworfen. Er war wichtig, um mir ein Grundgefühl für das Drehbuch zu geben. Er war aber nicht mehr notwendig, weil, wie ich denke, jetzt auch ohne ihn klar wird, daß wir nicht immer die wirkliche, wohl aber die wahre Geschichte der Comedian Harmonists erzählen. Ganz im Sinn von *Liberty Valance*.

Es lagen schon einige Drehbuchentwürfe vor, als Joseph Vilsmaier mich fragte, ob ich Zeit und Lust hätte, noch einmal von vorn anzufangen und ihm ein ganz anderes, ganz neues Drehbuch zu seinem Film zu schreiben. Ohne etwas über den bisherigen Stand der Dinge zu wissen, sah ich sofort einen großen, emotionalen, im besten Sinne deutschen Kinofilm vor mir, der auch international Aufmerksamkeit finden könnte. Keinen Musikfilm, aber einen unterhaltsamen, zeitgeschichtlich interessanten, fesselnden Film über Musiker und mit Musik.

Ich hatte nur einen Monat Zeit für das Buch, dafür aber zwei Vorteile: Ich liebte die Comedian Harmonists, kannte alle ihre Lieder und den wunderbaren zweiteiligen Dokumentarfilm von Eberhard Fechner über ihr Leben und ihre Musik. Und ich kannte aus meiner früheren Zusammenarbeit mit Vilsmaier an der Kästner-Verfilmung *Charlie & Louise* dessen Hauptstärke: die Fähigkeit, Gefühle direkt und wahrhaftig zu inszenieren. Ich wußte also, daß der Film funktionieren könnte, wenn ich eine Geschichte hinbekäme, die das Publikum rührte und berührte. Daß sie nicht ins Rühr*selige* abrutschte und genügend Witz hätte, dafür wollte ich schon sorgen. Ich mußte mir ja nur weiter Tag für Tag die Lieder der Comedian Harmonists anhören.

Ich las lediglich das letzte der bisher vorliegenden Drehbücher und beschloß, es sofort wieder zu vergessen. Nicht aus Mißachtung gegenüber dem Autor, sondern erstens, um mir die nötige Frische zu erhalten, und zweitens, weil ich beim Lesen schnell die unlösbaren Probleme begriffen hatte, vor denen ein Drehbuchschreiber stand, der die *ganze* Geschichte der Comedian Harmonists erzählen wollte, von der Gründung bis zur erzwungenen Trennung der Gruppe, von ihrem vergeblichen Versuch, in zwei getrennten Ensembles weiterzumachen, bis zum Tod der einzelnen Ensemblemitglieder Jahrzehnte später, und das auch noch montageartig, mit ständigen Voraus- und Rückblenden. Das konnte vielleicht ein Ansatz für einen Fernsehzweiteiler sein, aber niemals für einen Kinofilm.

Der Produzent Vilsmaier hörte auf den Künstler Vilsmaier: Er gab mir den nötigen Vertrauensvorschuß und absolut freie Hand fürs Drehbuch. Nur ein paar Motive aus den vorherigen Entwürfen bat er mich zu erhalten und zu intensivieren: den historisch verbürgten Auftritt der Comedian Harmonists in New York kurz vor ihrer Trennung; die jüdische Hochzeit zwischen Roman Cycowski und Mary aus Bremen in Prag; und die ebenfalls verbürgte konfliktträchtige Konfrontation der Comedian Harmonists mit dem Nürnberger Gauleiter Julius Streicher.

In ersten Gesprächen einigten Vilsmaier, die Dramaturgen und ich uns schnell darauf, daß die Filmgeschichte mit der Trennung der Gruppe

Biberti und Frommermann – Freunde und Rivalen

enden, daß Harry Frommermanns Freundin, die Schallplattenverkäuferin Erna, als Figur ausgebaut werden, und daß eine Dreiecksgeschichte zwischen ihr, Harry und Bob Biberti erzählt werden sollte. Insofern war es von vornherein klar, daß sich der Film die Freiheit nehmen durfte, ja mußte, Neues zur tatsächlichen Lebensgeschichte der sechs Hauptfiguren hinzuzuerfinden. Ich dachte: eine Frau und zwei Männer zur Zeit des Faschismus, der die persönlichen Beziehungen vergiftet, dachte: Abschied und Trennung am Bahnhof, sofort schoß mir natürlich *Casablanca* durch den Kopf, und schon sah ich den ungefähren Schluß des Films vor mir. So geht es oft beim Drehbuchschreiben. Man denkt an einen großen Film – und macht es dann ganz anders. Wichtig ist allein die Inspiration. In ähnlicher Weise inspirierte mich übrigens *Cabaret*, wegen der Raffinesse, mit der Songs und Geschichte einander entsprechen, inspirierten mich Woody-Allen-Filme, wegen des jüdischen Witzes, inspirierte mich sogar der Elvis-Schmachtfetzen *Jailhouse Rock*, wegen der Szene, in der Elvis im Plattenstudio seinen Sound findet: »*Sing doch einfach, wie du fühlst …*«

Natürlich war mir von vornherein klar, daß die Geschichte der Comedian Harmonists auch eine politische Dimension hatte. Schließlich han-

11

Vor der Hochzeit auf dem Prager Jüdischen Friedhof

delt es sich um ein Stück deutsch-jüdischer Kultur- und Zeitgeschichte. Ich durfte die historische Wirklichkeit an ihrer Oberfläche verändern, aber nicht im Kern verfälschen, durfte meine Hauptfiguren überhöhen, aber nicht idealisieren, durfte sie speziell gegenüber den Nazis ruhig ein bißchen größer machen, als sie vielleicht waren, aber nicht ihre menschlichen Schwächen und die Konflikte innerhalb der Gruppe beschönigen. So entschied ich mich zum Beispiel dafür, die Feigheit des Pianisten Erwin Bootz, der sich von seiner jüdischen Frau trennte, zum Thema zu machen und die Konflikte zwischen Bob und Harry in einer erbitterten handgreiflichen Auseinandersetzung kulminieren zu lassen. Und dennoch ließ ich am Ende, im Moment der endgültigen Niederlage, Freundschaft und Solidarität der sechs über die pompöse faschistische Jämmerlichkeit siegen.

Es ist immer gut, den Schluß eines Films zu wissen. So war ich trotz des Zeitdrucks entspannt genug, die Sache locker anzugehen. In den ersten Tagen bestand meine Drehbucharbeit darin, daß ich spazieren ging, nachdachte, versuchte, ein Feeling für den Film zu bekommen, und mir wieder und wieder die Lieder anhörte.

Mein Grundgefühl, wenn ich an die Comedian Harmonists dachte, war eine sehr humane, sehr zivile Lebensfreude, die den Herren eines waffenklirrenden Großdeutschland ein Dorn im Auge sein mußte. Und genau jene feine Balance aus Witz und Wehmut, die ich aus ihrer Musik heraushörte, sollte auch den Film prägen.

Ich fing an zu schreiben. Nach gut zwei Wochen rief Sepp Vilsmaier an, etwas nervös, was ich nur allzu gut verstand: »*Meinst, wir könnten uns amal treffen, nur wir zwei, und du erzählst mir ein bißchen?*« Zwei Tage später saßen wir beim Weißbier. Ich schilderte ihm den Ablauf, den ich mir ausgedacht hatte, und hörte förmlich den dicken Stein von seinem Herzen plumpsen. Er sagte nur drei Worte: »*Ich bin begeistert.*« Diese Vilsmaiersche Begeisterungsfähigkeit habe ich auch bei späteren Drehbuchbesprechungen und während der Dreharbeiten, sofern ich dabei sein durfte, immer wieder – und gegenüber vielen Mitarbeitern – erlebt und als eine hierzulande seltene, die Kreativität durchaus beflügelnde Gabe empfunden. Natürlich gibt es dann wieder Phasen, in denen der kritische Verstand gefragt ist. Aber alles zu seiner Zeit.

Ohnehin hebt man in einer ersten Drehbuchfassung, wenn man noch nicht an finanzielle und sonstige Sachzwänge denken muß, gelegentlich recht munter vom Erdboden ab und glaubt entsprechend, man könne den späteren Film zum Fliegen bringen. So begann mein Buch ursprünglich mit einer von Vilsmaier selbst angeregten Hubschrauberfahrt über den Grand Canyon: Der oben erwähnte junge Berliner Musiker ist auf dem Weg zu Roman Cycowski und hört über Walkman *Wochend und Sonnenschein*, der schwarze Pilot hört mit, schnipst grinsend mit den Fingern und bringt den Hubschrauber zum Tanzen. Diese und andere Szenen fielen später der Finanzkalkulation oder der Dramaturgie zum Opfer; zum Beispiel ein musikalischer Wettstreit zwischen Comedian Harmonists und völkischer, bereits nazistisch infizierter Jugend am Wannsee, der die zwei Lebensgefühle miteinander kontrastierte (zu nah an der berühmten Marseillaise-Szene aus *Casablanca*, lautete ein sicher berechtigtes Gegenargument, mit der man ohnehin nicht konkurrieren könne); oder meine von Lubitsch inspirierte, aber leider ökonomisch unrealistische Vorstellung, die Kamera an einer Hotelfassade entlang und nacheinander in sechs verschiedene Zimmer hinein- und wieder herausfahren zu lassen. Aber gerade diese Szenen gaben mir das richtige Gesamtgefühl für das Drehbuch, wie überhaupt die Umwege bei einer kreativen Arbeit oft die wichtigsten sind.

Das Problem, aus biographischem Rohstoff einen fiktiven, aber eben nicht nur fiktiven Kinofilm zu machen, hatte ich mittels einiger dramaturgischer Kniffe gelöst, welche die gesamte Geschichte bis zum Schluß vorantrieben.

Musikalienhandlung Grünbaum – erst beschmiert, dann zerstört

Einer dieser Kniffe war die Idee, aus Erna, der – erfundenen – jungen Frau, um die der Jude Harry Frommermann und der Arier Bob Biberti wetteifern, eine Studentin zu machen, die sich als Verkäuferin in der jüdischen Musikalienhandlung Grünbaum nebenbei Geld verdient, und ihr als Randfigur einen Kommilitonen zur Seite zu stellen, der sich später zum Nazi entwickelt. Diese Konstellation gab mir die Möglichkeit, auf zwanglose Weise das aufziehende politische Unheil mit den privaten Problemen der Hauptfiguren zu verbinden; die eine Ebene spiegelt die andere. So muß das deutschnational denkende alte Ehepaar Grünbaum, das zwei Söhne im ersten Weltkrieg verloren hat, fassungslos miterleben, daß von besagtem Kommilitonen Ernas angeführte junge SA-Leute die Musikalienhandlung demolieren; und Harry muß miterleben, daß ausgerechnet in diesem Moment der als Nichtjude viel weniger betroffene Bob Gelegenheit bekommt, mutiger zu handeln als er selbst, so daß sich Erna – tragische Ironie – dem vermeintlichen Opfer Bob zuwendet, den die Nazis zusammengeschlagen haben. Damit hatte ich einen Spannungskeim gelegt, der genügend emotionalen Stoff bis zum Ende lieferte;

Julius Streicher wünscht sich *In einem kühlen Grunde*

der Zuschauer wird insgeheim hoffen, daß Harry sich irgendwann vielleicht doch als der Mutigere erweist, und daß Erna vielleicht doch noch einmal in ihren Gefühlen schwankend wird.

Ein zweiter dramaturgischer Kniff war die Verknüpfung der Irrungen-Wirrungen zwischen Bob, Harry und Erna mit der Einladung bei Julius Streicher und der sich gleichzeitig zuspitzenden Nazibedrohung: unmittelbar, nachdem Harry schmerzlich erkannt hat, daß Erna zu Bob übergelaufen ist, muß er das Volkslied *In einem kühlen Grunde* mit dem Eichendorff-Text über ein untreues Mädchen aufnehmen, das ihn tief bewegt; und ausgerechnet dieses Lied wünscht sich der Judenhasser Streicher von den Comedian Harmonists, die er nach einer Vorstellung in seine Villa geladen hat; Harry ist begreiflicherweise unfähig, das Lied zu singen, ihm wird schlecht; Bob, der ihm das Mädchen weggenommen hat und genau begriffen, was in ihm vorgeht, hilft ihm – was unseren Figuren eine gewisse Größe gibt und die Bedrohung verschärft.

In ähnlicher Weise habe ich versucht, auch andere Lieder emotional mit der Geschichte zu verknüpfen, zum Beispiel das übermütige *Ein klei-*

15

ner grüner Kaktus und seine beziehungsreichen Textzeilen: »*Und wenn ein Bösewicht was Ungezogenes spricht, dann hol ich meinen Kaktus, und er sticht, sticht, sticht ...*« mit einer fanatischen Hitlerrede, die Erna im Radio hört.

Kaum eine Szene, kaum ein Motiv des Films ist völlig frei erfunden, fast immer stand die biographische Wirklichkeit zumindest Pate; selbst der Auftritt im Puff hat insofern einen realen Hintergrund, als die Comedian Harmonists auf dem Höhepunkt ihres Ruhms tatsächlich einmal für die französische Wochenschau in einem einschlägigen Pariser Etablissement gesungen haben. Daraus entstand die Idee, die noch Unbekannten in einem Berliner Bordell proben und später ihr Versprechen einlösen zu lassen, sie würden, falls sie einmal berühmt wären, einen Gratisauftritt dort absolvieren.

Auch die Emotionalität des Schlusses wurde von der Wirklichkeit inspiriert (in Verbindung mit einem Song der Comedian Harmonists); ich mußte sie nur zuspitzen: In Fechners Dokumentation hatten die vier Überlebenden der Gruppe eindringlich und immer noch sehr berührt von ihrem Abschiedskonzert erzählt; wie nach Verklingen des Schlußliedes *Auf Wiederseh'n, my dear* einen Moment Stille geherrscht und sich dann das gesamte Publikum erhoben habe, nach vorne an die Bühne gekommen sei und das Ensemble mit noch nie erlebten Ovationen gewissermaßen aus Deutschland verabschiedet habe. Damit stand ein Teil der Schlußsequenz bereits fest. Wieder mußte ich mir nur das Lied und seinen – im Kontext meiner Dreiecksgeschichte doppelt bewegenden – Text anhören, und schon hatte ich den gesamten Schluß des Films fertig im Kopf. »*Gib mir den letzten Abschiedskuß, weil ich dich heut verlassen muß ...*«: dich, Deutschland, und – aus Harrys Sicht – dich, Erna. »*Ein Märchen geht zu Ende ...*«: das Märchen des Erfolgs, der Liebe, aber auch der Demokratie und Toleranz in Deutschland. Da hat alles bereits eine Doppelbedeutung, ohne daß man als Drehbuchautor gewaltsam etwas konstruieren muß.

Zwei szenische Erfindungen halfen mir, die Emotionen dieses Liedes und des Schlußkonzertes zu verstärken:

1. Harrys spontane Ansprache an das Publikum vor dem Lied, in der er sich nun tatsächlich als mutig erweist (wobei mir wieder ein Lied half, das er darin zitiert und das bereits vorher für seine Beziehung zu Erna eine Rolle spielte: *Irgendwo auf der Welt gibt's ein kleines bißchen Glück*).

2. Die Abschiedsszene am Bahnhof, in der es noch einmal eine kleine überraschende Wende gibt. Jedesmal, wenn ich an den Schlußszenen des Films arbeitete, mußte ich selber eine Träne verdrücken, was schon mal ein gutes Zeichen war.

Die Reaktion auf meinen ersten Drehbuchentwurf war ungewöhnlich positiv. Die versammelten Produzenten und Dramaturgen fühlten sich beschwingt vom Witz der Geschichte und erwärmt von ihren Emotionen. Natürlich gab es, wie immer, kleinere Einwände und ergänzende Vorschläge, aber sie alle waren vom Geist meines Drehbuchs beseelt. Die Herren waren schon bald in dicken Zigarrenrauch eingehüllt und äußerst animiert, lachten viel und brüteten nun ihrerseits einige anregende Ideen aus wie zum Beispiel die, Bob solle doch Erna statt in ein kleines Lokal zu einem Boxkampf einladen und ihr bei der Gelegenheit sein erstes Liebesgeständnis machen.

Als das Drehbuch abgenommen worden war, lud Joseph Vilsmaier mich zu einer ersten Leseprobe mit den sechs Hauptdarstellern, was nicht jedem Autor vergönnt ist. Die Dialoge waren ein Balanceakt gewesen. Meine Hauptfiguren waren ja junge Leute, es gab zwar noch keine eigene Jugend- oder *Szene*-Sprache, aber auch damals sprachen die Jüngeren anders als die Älteren, und sie sprachen gelegentlich im – z.B. damaligen Berliner – Jargon. Das mußte historisch stimmen, sollte aber weder gewollt wirken noch allzu entfernt vom heutigen Sprachempfinden sein. Die Schauspieler begriffen das intuitiv. Ihre kleinen Änderungsvorschläge waren ganz im Sinn des vorgegebenen Sprachduktus; die meisten von ihnen waren mir unmittelbar einsichtig. Übrigens habe ich auch versucht, die Nazis nicht wie übliche Filmnazis sprechen zu lassen, sondern wie die gemütlich-gefährlichen Kleinbürger, die sie waren, und machte mir immer wieder klar, daß die Menschen in den frühen dreißiger Jahren noch nicht wußten, was wir heute wissen. Daß die Schauspieler sich voll mit den Emotionen der Geschichte identifizierten, bewies mir, daß ich nicht gänzlich an der Gefühlswelt heutiger junger Leute vorbeigeschrieben hatte. Ein Problem war für mich gewesen, daß ich sechs Helden hatte, von denen aber nur zwei die wirklichen Hauptfiguren sein konnten. Klar, daß der eine oder andere der *zu kurz gekommenen* Schauspieler gern mehr Text und mehr Szenen gehabt hätte. Letzten Endes aber verstanden und akzeptierten auch sie, daß es in der Geschichte unter anderem darum ging, daß sich der einzelne einer Gruppe unterordnet – was sich im Schauspielerensemble zu wiederholen hatte, wenn der Film gelingen sollte. Die sechs hatten auch schon die ersten Gesangs-Playback-Proben hinter sich (wobei ihnen erst aufgegangen war, *wie* kompliziert und raffiniert die so locker klingenden Arrangements waren) und wußten, daß allein die Lieder jedem einzelnen genug Raum zur Entfaltung boten.

Zum Beginn der Dreharbeiten lud Sepp Vilsmaier mich nach New York ein. Ich konnte beobachten, wie sich einzelne meiner Szenen mit

Leben füllten. Manches, was eher in meinem Hinterkopf gewesen war und im Drehbuch eher unterschwellig eine Rolle spielt, wurde plötzlich blitzartig deutlich, einfach durch die Präsenz der Schauspieler: etwa daß es sich bei den Comedian Harmonists um eine frühe multikulturelle Gruppe gehandelt hatte; oder daß die sechs wie selbstverständlich die gerade in Deutschland scheinbar festzementierte Trennung von U- und E-Musik schon vor bald siebzig Jahren überwunden hatten; auch, wie jung diese Künstler doch gewesen waren und wie wenig an Politik interessiert – um so bitterer ja die spätere Erfahrung, daß sich die Politik für *sie* interessierte. Überhaupt fand ich es spannend, wie die sechs Schauspieler ihr eigenes Lebensgefühl in die Rollen einbrachten, und wie daraus eine ganz eigene Wahrhaftigkeit entstand, so daß Fiktion sich plötzlich wieder in etwas nahezu Dokumentarisches verwandelte.

Später, auf dem Abschlußfest der Dreharbeiten in Wien, sollte ich eine bereits fertig geschnittene Szene sehen, in der das besonders gut gelang, obwohl ihr gegenüber in Drehbuchbesprechungen gelegentlich Skepsis geäußert worden war, ob sie wirklich funktionieren würde: Die sechs haben einem Agenten recht uninspiriert einen Duke-Ellington-Song vorgesungen und damit ein grandioses Fiasko erlebt. Jetzt improvisieren sie, in frustriertem, angetrunkenem und leicht wurstigem Gemütszustand, denselben Song, und plötzlich entsteht aus ihrem tiefempfundenen Gefühl heraus genau das, was später den Ruhm der Comedian Harmonists ausmachen sollte. Die Freude und Freundschaft im Moment des Gelingens überträgt sich unmittelbar auf den Zuschauer und gibt ihm das Gefühl: ja, so könnte es wirklich gewesen sein. Die Szene hat, obwohl sie in der Realität nie stattfand, tatsächlich jene innere Wahrheit, um die es mir ging.

Zu besagtem Wiener Abschlußfest fürs Team war eine fünfunddreißigminütige, auf Video überspielte Schnittfassung hergestellt worden, die mir sehr gefiel, auch da, wo mein Buch gekürzt worden war, oder ich mir Details anders vorgestellt hatte; sie hatte Schwung und gab mir die Hoffnung, auch jugendliche Zuschauer müßten sich eigentlich für diese Geschichte sechs junger Männer interessieren können, die in Zeiten zunehmender Arbeitslosigkeit eine kreative Vision haben und sie gegen viele Widerstände verwirklichen. Auch daß der Film von dem Konflikt zwischen Lebenskünstlern und Todesspezialisten handelt, zwischen der leichten Swingmusik, die ins Blut, und dem dumpfen Marschrhythmus, der über Leichen geht, klang in dieser Kurzfassung schon an, ebenso die Anstrengung, die es erfordert, etwas Leichtes herzustellen.

Ein paar Wochen später konnte ich eine 130-Minuten-Version des Films erstmals auf der großen Leinwand besichtigen; Joseph Vilsmaier hatte mich zur Rohschnittabnahme eingeladen. Das ist eine Phase bei der Herstellung eines Kinofilms, vergleichbar dem ersten Durchlesen einer Drehbuchfassung nach drei Tagen Abstand, mit der man sich beim Schreiben lange und intensiv beschäftigt hat. Die Qualitäten sind schon deutlich zu erkennen, aber das Timing stimmt noch nicht ganz, es gibt noch Sprünge und Brüche, es fehlt noch die Tonmischung, es fehlt die Filmmusik und so weiter. Vieles war genauso, wie ich es mir vorgestellt hatte; anderes hatte offenbar nur auf dem Papier funktioniert (zum Beispiel die Parallelmontage der Hitler-Rede mit dem Lied vom kleinen grünen Kaktus), und man hatte eine andere Lösung finden müssen. Wie stark die melodramatische Ebene des Films, vor allem im letzten Drittel, ist, war mir beim Schreiben nicht so klargeworden. Im ganzen Schlußteil schwingt, wie ich es mir in meiner einsamen Stube vorgestellt hatte, wirklich die Trauer darüber mit, was es für dieses Land bis heute bedeutet, daß seine besten kreativen Kräfte verfolgt, unterdrückt, verjagt und schließlich ermordet wurden. Der Film, das war mein Haupteindruck, ist nicht flott und oberflächlich, er ist das Gegenteil eines Videoclips, er geht in die Tiefe und hinterläßt einen Eindruck.

Meine bisher letzte Erfahrung mit dem work in progress war ein Besuch am Schneidetisch. Ich hatte nach der Rohschnittabnahme einige Verbesserungsvorschläge gemacht, die Sepp Vilsmaier und der Cutter Peter Adam nun mit mir diskutierten. Der Film war inzwischen an die zehn Minuten kürzer als im Rohschnitt und hatte dadurch an Intensität noch gewonnen. Das Verfertigen einiger zusätzlicher off-Texte ist noch einmal ein bißchen Autorentätigkeit auf anderer Ebene; was aus einem Drehbuch wird, kann man vorher nicht wissen; nun hat man als Autor selber wieder eine bescheidene Möglichkeit, das Endprodukt noch einmal zu beeinflussen.

Da bei ersten Probevorführungen vom Publikum der Wunsch geäußert wurde, doch etwas über das weitere Leben der sechs Harmonists zu erfahren, schrieb ich noch als Epilog einen entsprechenden Text – eine Aufgabe, die fast schwieriger war als jede Drehbuchszene, weil hier plötzlich wieder ganz direkt eine dokumentarische Wirklichkeit ins Spiel kam, die weder emotional noch faktisch mit unserer Filmgeschichte kollidieren durfte.

Jedes Drehbuch ist ein Experiment. – Jeder Film ist ein Experiment. Wer schon im voraus weiß, wie er wird – und vor allem: wie erfolgreich er wird –, bringt eine Totgeburt zur Welt. Diese schlichte Erkenntnis zu akzeptieren, fällt desto schwerer, je teurer der Film ist. Ob er am Ende lebt, ob er läuft, entscheiden allein die Zuschauer.

DIE AUTHENTISCHE

GESCHICHTE

Drehbuchautor Klaus Richter hat einige »Erfindungen« beschrieben, die ihm für die »innere Wahrheit« eines Kino-Spielfilms über die Comedian Harmonists aus dramaturgischen Gründen notwendig erschienen. An dieser Stelle sollen die realen Biographien der sechs *Comedian Harmonists* kurz skizziert werden. Einige genaue Daten und authentische Dokumente mögen den historischen Hintergrund veranschaulichen. Ausführlicher läßt sich über das Ensemble und seine Akteure in zwei verdienstvollen Büchern nachlesen: 1) Bei Eberhard Fechner, *Comedian Harmonists. Sechs Lebensläufe*. Das Buch entstand nach der schon erwähnten zweiteiligen Fernsehdokumentation, für die 1975 die noch lebenden Sänger und ihre Angehörigen mehr als siebzig Stunden interviewt wurden. 2) 1993 erschien von Peter Czada und Günter Große der Band *Comedian Harmonists. Ein Vokalensemble erobert die Welt*, der eine Vielzahl höchst interessanter Dokumente aus den Archiven von Gründer Harry Frommermann und Baß Robert Biberti präsentiert.

Einige Details aus der Zeit vor der Gründung seien vorausgeschickt, bevor die sieben gemeinsamen Jahre, die der Film in Blick nimmt, mit einigen wichtigen Ereignissen beleuchtet werden. Vor allem aber sollen die höchst verschlungenen, abenteuerlichen und nicht zuletzt für einige tragischen Lebenswege der ehemals verschworenen Freunde ab dem Moment gezeigt werden, in dem der Film endet: Was taten die sechs Männer nach ihrem Abschied im März 1935, als drei *Arier* in Deutschland bleiben, drei Juden ins Exil zunächst nach Wien aufbrechen?

Angefangen hatte alles mit einer winzigen Anzeige, die der gerade volljährig gewordene **Harry Frommermann** (21 Jahre) am 18. 12. 1927 im Berliner Lokal-Anzeiger aufgab. Der junge Mann hatte – wie außer ihm im späteren Ensemble nur Robert Biberti – keine akademische Gesangs- und Musikausbildung. Allerdings war er in einem äußerst musikalischen Haushalt aufgewachsen. Sein Vater, der als Zwanzigjähriger aus der Ukraine nach Deutschland eingewandert war, arbeitete lange Jahre als Oberkantor der jüdischen Bürgergemeinde Neukölln und war eng mit Arthur Nikisch befreundet. So konnte der kleine Harry oft die Proben der Berliner Philharmoniker besuchen und spielerisch beim Vater Klavier lernen. Nach einer unwillig auf Verlangen des Vaters begonnenen Kaufmannslehre schien ihn

Berliner Lokal-Anzeiger, 18. 12. 1927

allerdings die Schauspielerei anzuziehen. In den zwanziger Jahren spielte er Statistenrollen an der Berliner Volksbühne, wo er Jester Nielsen, die Tochter der Filmgöttin Asta Nielsen, kennenlernte und durch sie in privaten Kontakt mit einigen Berühmtheiten der Künstlerszene kam. Asta Nielsen empfahl dem Freund der Tochter auch die Grammophonplatten der amerikanischen Jazzgruppe *Die Revellers*, die in jenen Jahren Furore machten. Harry begeisterte sich sehr für diese Musik und forderte einen Konzertagenten auf, mit dem er verwandt war, die Revellers nach Deutschland zu holen. Zu seiner Verblüffung erfuhr er, warum das nicht ganz einfach war: Die Abendgage betrug mindestens 1000 Mark. Für den jungen Frommermann, der nach dem Tod beider Elternteile nahezu mittellos war, offenbar ein elektrisierender Gedanke: Das müßte man in Deutschland auf eigene Weise nachahmen …

Auf seine Annonce hin meldeten sich in diesen Wirtschaftskrisenzeiten 70 – 100 Männer meist minderen Talents. Als Harry die Hoffnung schon fast aufgegeben hatte, stand **Robert Biberti** in der Mansardentür. Wenig später donnerte er *O Isis und Osiris*, ein Lied, das schon zu den Glanzstücken seines Vaters gezählt hatte, der ein erfolgreicher Kammersänger an der Königlichen Staatsoper Berlin gewesen war, bevor er dem Alkohol verfiel. Biberti Senior war wie Frommermanns Vater ausländischer Herkunft: So wurde auch Robert selbst 1902 in Berlin als Franzose geboren, und erhielt erst 1925, nach dem Tod des Vaters, die deutsche Staatsbürgerschaft. Robert Biberti war der einzige, der beim Vorsingen von Frommermann angenommen wurde. Neben seiner außergewöhnlichen Baßstimme wird dazu beigetragen haben, daß er Harrys Begeisterung für die Revellers teilte.

Der Anfang war gemacht. Schon wenige Tage später holte Biberti zwei Chorkollegen aus dem Großen Schauspielhaus nach: Den 1897 geborenen Bulgaren **Ari Leschnikoff**, der kaum deutsch sprach, aber eine klassische Gesangsausbildung genossen und im Studium seinen Kommilitonen Josef Schmidt um eineinhalb Töne in der Höhe übertroffen hatte. Der Zweite war der Pole **Roman Cycowski**, Sohn eines jüdischen Kantors aus Lodz, ebenfalls mit Schwierigkeiten im Deutschen aber mit Erfahrung als Chor und Opernsänger an vielen deutschen Bühnen. Trotz erfolgreicher Engagements von Beuthen über Danzig, Stralsund, Cottbus bis Rostock war er 1926 nach Berlin gekommen, um bei berühmten Gesangslehrern noch einmal Unterricht zu nehmen. In der Anfangsformation sang noch Walter Nußbaum als zweiter Tenor, aber er wurde im März 1929 durch **Erich Collin** ersetzt. Collin war als Sohn eines in Berlin ansässigen jüdischen Kinderarztes sicher der Gebildetste von allen. Durch seine schweizerische Gouvernante hatte er schon als Kind Französisch gelernt; nach sieben Semestern Medizinstudium wechselte er zu einer Ausbildung an die Berliner Hochschule für Musik, die er auch abschloß. Da er getauft war, fühlte er sich lange überhaupt nicht als Jude – erst die Gesetzgebung der Nazis machte ihn dazu.

Zunächst hatte Harry Frommermann Partituren geschrieben, in denen kein Pianist vorgesehen war, doch der erwies sich dann als unverzichtbar. Im März 1928 brachte Ari Leschnikoff seinen Freund **Erwin Bootz** mit, den jüngsten der sechs: geboren 1907 in Stettin als Sohn eines Musikhausbesitzers, der einen bedeutenden Grammophonvertrieb aufgebaut hatte. Bootz hatte eine klassische Klavierausbildung absolviert, aber sein musikalisches Genie lag offensichtlich in der gekonnten Mischung von E und U. Schon als Kind hatte er Erfolg mit der *verjazzten* Darbietung klassischer Musik. Zwischen Frommermann und ihm entwickelte sich bald eine Art Konkurrenzverhältnis, weil Bootz mit seiner gediegenen Ausbildung Frommermanns Arrangements etwas überheblich als bloßes Rohmaterial behandelte. Frommermann fühlte sich ihm lange unterlegen, glich aber durch enormen Fleiß und erstaunliche Kreativität aus, was ihm der nonchalante Bootz voraus hatte. Der Lebemann Bootz war als einziger der sechs mit beträchtlichen Finanzmitteln gesegnet, die ihm seine Mutter sandte. So konnte er etwa die verabredeten Strafen für Zuspätkommen bei Proben lächelnd bezahlen. Jedenfalls scheint er weniger Elan gehabt zu haben als Frommermann, der zwei Drittel aller Arrangements schrieb; nur ein Drittel stammt von Bootz.

Die erste Probe fand am 5. Januar 1928 in Frommermanns Mansarde statt. Klar war, daß Monate harten Probens bevorstanden, für die keinerlei Geld gezahlt werden konnte. Das mußte also durch Chorsingen beschafft werden, oder beispielsweise durch Singen in den großen Berliner Hinterhöfen. Die Polizei nannte das Bettelei und verlangte Genehmigungen dafür. Die Entbehrungen waren groß, aber alle einte die Hoffnung auf (auch pekuniären) Erfolg. Im Juni 1928 unternahmen die Sänger in der Berliner Scala ein erstes Vorsingen, das katastrophal ausging: Man erklärte ihnen, daß die Scala ein Vergnügungslokal sei, kein Beerdigungsinstitut. Im Sommer 1928 verbesserten sich dann die Probenbedingungen enorm: Asta Nielsen bot dem Sextett Räume in ihrer großen Wohnung an, was vor allem deshalb wunderbar war, weil dort ein Steinway-Flügel stand. Schließlich fand im Spätsommer bei dem Agenten Levy, mit dem Frommermann verwandt war, ein zweites Vorsingen statt. Levy hörte mit versteinertem Gesicht zu, griff dann zum Telefonhörer und rief den Berliner Varietékönig Erik Charell an, bei dem das Sextett sein gesamtes kleines Repertoire gleich noch ein zweites Mal vortragen mußte. Charell machte spontan ein Angebot, das Levy zum Entsetzen der sechs Männer schnöde ablehnte. Er schickte die Sänger zunächst in die Kneipe und ging dann mit ihnen schnurstracks zu Charells größtem Konkurrenten: Haller mit seiner Revue im Admiralspalast. Kaum waren sie dort angekommen, erschien ein Fahrradbote mit einem Brief von Charell: »*Ich biete die doppelte Gage. Wenn Sie bei Haller abschließen, mache ich Sie in der Branche unmöglich.*« So kam es zu der phantastischen Abendgage von 120 Mark, also 20 Mark für jeden. In der Probenzeit hatten sich die Männer *Melody Makers* genannt, aber Charell verpaßte ihnen den Namen, unter dem sie bald berühmt werden sollten. Am 28. September 1928 kam es in Charells Großem Schauspielhaus zum ersten Auftritt, und zwar als Intermezzi-Gesangsgruppe zwischen den Akten der Operetten-Revue *Casanova*. Nur drei Wochen später *pendelten* die Comedian Harmonists am Abend nach der Vorstellung noch zum Programm im Kabarett der Komiker und bald auch an andere Orte. Die Einkünfte stiegen rasch. Wo immer sich Gelegenheit bot, sang man drei oder vier Titel, kassierte die Gage und zog weiter. Bald engagierten alle renommierten Veranstalter in Berlin die Gruppe. Im März 1929 folgte das erste Gastspiel in Hamburg, bald darauf ging es auch in andere deutsche Städte, nach Köln und, gegen Ende des Jahres 1929, nach Leipzig. Die Auftritte in dieser Stadt müssen für das Sextett den Durchbruch schlechthin bedeutet haben. Über Weihnachten spielten sie in einem Stück von Georg Kaiser, *Zwei Krawatten*, das durch Kompositionen von Mischa Spoliansky zu

Ankündigung im Leipziger Konzert-, Theater- und Verkehrs-Blatt, 22.12.1929

Die Comedian Harmonists in »Zwei Krawatten«, inszeniert von W. Berthold in Leipzig

einer musikalischen Revue umgemodelt wurde. Die gefeierten Stars der sämtlich ausverkauften Abende waren die Comedian Harmonists mit ihren Einlagen. Das Publikum scheint gerast zu haben; spätere Rückblicke auf die Theatersaison nennen das Stück als erfolgreichste Inszenierung des Jahres. Jedoch waren die Comedian Harmonists bis zu diesem Zeitpunkt stets nur eine Art Einlage in einem größeren Revueprogramm. Der Erfolg muß sie wohl angespornt haben, nun engagiert größere Vorhaben anzugehen: Sie wollten eigene Konzerte geben. Bei aller Popularität, die durch Grammophonplatten (die ersten wurden schon 1928 bei Odeon aufgenommen, dann 1930 bei Elektrola) und zahlreiche Rundfunkauftritte befördert wurde, waren sie doch noch nicht landesweit bekannt. Deshalb bedeutete eine eigene Konzerttournee ein schwer kalkulierbares Risiko für die Veranstalter, so daß das Ensemble selbst Säle für seine Auftritte mieten und sämtliche Risiken übernehmen mußte. Recht verwegen. Als erster Auftrittsort für die eigene Vorstellung wurde Leipzig festgelegt, wo man vier Wochen vorher so gefeiert worden war. Weil das Repertoire für ein eigenes Konzert noch nicht ganz ausreichte, wurden zur Verstärkung noch einige andere Schauspieler engagiert. Nur war es jetzt so, daß diese die Ansagen und Einlagen zu gestalten hatten. Das Hauptprogramm des *Tempo-Varietés* bestritten die Comedian Harmonists. An die Premiere am 26. 1. 1930 erinnerte sich Ari

Tempo-Varieté im „Schauspielhaus"

Sehr oft wird sich das „Schauspielhaus" die von den „Zwei Krawatten" her schon rühmlichst bekannten „Comedian Harmonists" nicht zu einer Varieté-Vorstellung einladen dürfen, sonst wird das Haus in Trümmer gestampft. Diesmal fiel den Besuchern des Parketts schon der Stuck auf die Köpfe, so raste und trampelte das Publikum, das trotz der vormittäglichen Stunde in hellen Haufen gekommen war. Es wollte sein Opfer haben und erzwang sich Wiederholungen. Schon, als es die Leistungen der sechs Musiker nur konserviert, nur von der Schallplatte hörte, setzte es mit dem Beifall ein.

Fred A. Colman hieß der Herr, der uns die abenteuerliche, spannende und nach Gebühr sentimentale Geschichte der sechs Musketiere, Pardon, sechs Musiker, vortrug und der dartat, wie sie sich für Lebenszeiten verbündet haben. Dann sangen sie ihre Songs. Wunderbar ausgeglichen, wunderbar süß, wunderbar witzig, jedem saß der Schelm im Nacken und jeder legte sein Herz in seine Stimme. Die Schlager wurden zu Kunstwerken, einerlei, ob es die „Spanische Serenade" war, oder „Wie wundervoll küßt Annemarie" oder „Chiquita". Ihre Rhythmik war straff wie Stahl und ihr Gesang lauter wie Gold. Wer trägt uns einen „Spiritual" so vor wie sie?! Wer singt mit solcher Grazie, mit solch verhaltener Innigkeit einen Walzer von Strauß?! Wir wußten, daß die Jazz-Instrumente es gelernt haben, menschliche Stimmen zu imitieren, von den „Comedians" erfuhren wir, daß die Jazz-Singer entzückend parodierend Jazz-Instrumente nachzuahmen verstehen.

Sie hatten uns auch Charlie D'Argonte mitgebracht, der seine fabelhaften Grotesktänze steppte und akrobatisierte und, statt der erkrankten Dolly Haas, Lu Basler, eine gertenschlanke Diseuse aus der „Katakombe". Halb Cowboy, halb Apache, trat sie auf und trug eine Ballade von Mehring vor, mit prachtvoll abgestimmtem Rhythmus, mit verwegenster Betonung, mit reinstem Gefühl. Sie führte in eine tragische Stevenson-Welt mit erotisierter Würze.

Die „Comedian Harmonists" musizierten zwei Stunden lang, ihr vergnügter Pianist, Erwin Bootz, begleitete und trug ebenso brillant eine eigene Bearbeitung des „Donau-Wellen-Walzers" vor.   E. L.

Leipziger Neueste Nachrichten, 27. 1. 1930

Leschnikoff 45 Jahre später so: »*Dieses Schreien, dieses Toben des Publikums – also ich war – ich war baff. Ich konnte kein Wort … nur Tränen. Ich habe geweint vor Freude.*« Und Biberti resümierte: »*Später hatten wir in Leipzig noch viele Konzerte, ich weiß nicht, wie viele im Jahr. Sie waren in zwei Stunden ausverkauft. Eine Zeitungsnotiz genügte: ›Die Comedian Harmonists kommen!‹ – Keine Reklame, nichts – wir waren sofort ausverkauft.*«

Mit ihrem Tempo-Varieté eroberten die Vokalisten ein Publikum in ganz Deutschland. Die erfolgreichsten Jahre begannen. 1930 hatten sie ihr erstes Auslandsgastspiel in Amsterdam und sangen erstmals auch in einem Film mit; in *Gassenhauer*. Allerdings kamen sie nicht selbst ins Bild; die Schauspieler Hans Deppe, Ernst Busch und Wolfgang Staudte imitierten synchron zu ihrer Musik die Mundbewegungen. In *Die drei von der Tankstelle* sangen sie im gleichen Jahr das berühmte *Ein Freund, ein guter Freund* und bekamen für einen Drehtag 1 500 Mark. Man verdiente enorme Summen, führte ein aufwendiges Leben, fuhr große Autos, hatte Affären. In ihren besten Jahren, so erinnert sich Roman Cycowski später, mußte jeder einzelne 40 000 bis 60 000 Mark Jahreseinkommen versteuern. Frühzeitig, lange vor dem ersten Auftritt, hatten die Mitglieder des Ensembles einen Vertrag abgeschlossen, der jedem gleiche Anteile an den Einnahmen sicherte. Die Comedian Harmonists waren eingetragen als Gesellschaft bürgerlichen Rechts. Entsprechend seinen Fähigkeiten wurde für jeden eine besondere Zuständigkeit festgelegt, so führte Biberti die Geschäftsverhandlungen, Bootz war musikalischer Leiter, Leschnikoff verantwortlich für saubere Bühnenkleidung, aber alle verdienten dasselbe. Natürlich auch an den Platteneinnahmen, die durch prozentuale Beteiligung des Ensembles am Verkauf über Jahre sehr hoch waren. Der Weg führte beständig bergauf.

1932 traten die Comedian Harmonists gar in den geheiligten Wänden der Berliner Philharmonie auf. Daß dort Unterhaltungsmusik gegeben wurde, muß als eine Sensation ersten Ranges empfunden worden sein, vor der den Harmonists die Knie zitterten. Aber das konservative Musikpublikum schien mit dieser *Entweihung* gar keine Schwierigkeiten gehabt zu haben. 2700 Besucher applaudierten enthusiastisch, und einige hörten sogar vom Vestibül aus zu, weil sie keine Karte mehr bekommen hatten. Das war gewissermaßen der Ritterschlag, denn von nun an galten die Konzerte der Gruppe als *Kunst*, d. h. es mußte von den Einnahmen keine Vergnügungssteuer mehr abgeführt werden. 150 Konzerte im Jahr wurden nun absolviert.

Dann begann das Jahr 1933 und brachte den Machtantritt der Nazis. Zunächst einmal schien sich wenig zu verändern. Die Sänger interessierten sich nicht für Politik, hielten sich wohl auch für so populär, daß sie ohnehin keine Befürchtungen für sich selbst hegten. Aber dennoch: Erste vertraglich vereinbarte Konzerte wurden schon im Jahr 1933 abgesagt, weil man keine Juden mehr auf deutschen Bühnen sehen wollte. Auch die Ufa verweigerte apodiktisch den Ensemblemitgliedern die Mitarbeit an Filmaufnahmen. Vielleicht wollten sich die sechs Sänger darüber selbst hinwegtäuschen, daß darin deutliche Zeichen zu sehen waren, die noch weit Schlimmeres ankündigten; vielleicht hofften sie wie viele, daß dieser Nazispuk rasch vorübergehen möge. Jedenfalls haben sie anfangs wohl die direkten Auswirkungen der *neuen Zeit* nicht deutlich genug wahrgenommen. Am 1. November 1933 erließ Goebbels eine folgenschwere Durchführungsverordnung zum Gesetz, das die Mitgliedschaft in der Reichskulturkammer und ihren Untergliederungen regelte. Danach mußte jeder die Mitgliedschaft in der Reichsmusikkammer be-

Erſte Verordnung zur Durchführung des Reichskulturkammergeſetzes.
Vom 1. November 1933 (RGBl. I 797).

Auf Grund der §§ 6 und 7 des Reichskulturkammergeſetzes vom 22. September 1933 (Reichsgeſetzbl. I S. 661) wird folgendes verordnet:

I. Errichtung der Kammern.

§ 1

Mit dem Inkrafttreten dieſer Verordnung erhalten die im folgenden genannten Vereinigungen die Eigenſchaft von Körperſchaften des öffentlichen Rechts mit den beigefügten Bezeichnungen:

1. das Reichskartell der deutſchen Muſikerſchaft e. V.:
   Reichsmuſikkammer,
2. das Reichskartell der bildenden Künſte:
   Reichskammer der bildenden Künſte,
3. die Reichstheaterkammer:
   Reichstheaterkammer,
4. der Reichsverband der deutſchen Schriftſteller e. V.:
   Reichsſchrifttumskammer,

§ 10

Die Aufnahme in eine Einzelkammer kann abgelehnt oder ein Mitglied ausgeſchloſſen werden, wenn Tatſachen vorliegen, aus denen ſich ergibt, daß die in Frage kommende Perſon die für die Ausübung ihrer Tätigkeit erforderliche Zuverläſſigkeit und Eignung nicht beſitzt.

Durchführungsverordnung zum Reichskulturkammergesetz vom 1. November 1933

antragt haben, wenn er auf deutschen Bühnen Musik darbieten wollte. Paragraph 10 regelte, wodurch man von der Mitgliedschaft ausgeschlossen werden konnte: »*... wenn Tatsachen vorliegen, aus denen sich ergibt, daß die in Frage kommende Person, die für die Ausübung ihrer Tätigkeit erforderliche Zuverlässigkeit und Eignung nicht besitzt.*« Es gab keinen Zweifel, wie das zu verstehen war, und es wurde verstanden. Juden konnten nicht Mitglieder in den Kammern werden. Um auch wirklich das letzte Mißverständnis zu beseitigen, erklärte Goebbels am 5. März des Jahres 1934 in aller Deutlichkeit und Ausführlichkeit, daß 1) nur auftreten durfte, wer Kammermitglied war, und 2) Juden definitiv nicht Kammermitglied werden konnten. Alle sechs Ensemblemitglieder hatten schon länger einen Antrag auf Mitgliedschaft gestellt, aber nun konnte man kaum noch auf einen positiven Bescheid hoffen, auch wenn die Gruppe immerhin *gemischt* und nicht *volljüdisch* war. Jedenfalls hielten sich die Comedian Harmonists zu diesem Zeitpunkt gerade auf einer ausgedehnten Deutschland-Tournee auf, für die sie einige Tage später

Noch nicht begriffen!

In einem Ersuchen an die Landesregierungen sagt der Reichsminister Dr. Goebbels:

„In zunehmendem Maße wird beobachtet, daß Nichtarier, die bereits verschwunden und großenteils offenbar ins Ausland geflüchtet waren, in Theatern, Varietés, Kabaretts usw. wieder auftreten. Ich weise darauf hin, daß das Auftreten auf deutschen Bühnen von der Zugehörigkeit zu einem der Fachverbände der Reichstheaterkammer abhängig ist und das Nichtariern die Aufnahme in diese Verbände gemäß § 10 der Ersten Durchführungsverordnung zum Reichskulturkammer-Gesetz regelmäßig verweigert wird. Ich bitte deshalb, die Polizeibehörden anzuweisen, in allen in Frage kommenden Fällen den Nachweis der Verbandszugehörigkeit zu verlangen und wenn er nicht erbracht werden kann, das Auftreten zu verhindern. Ich stelle weiter anheim, zweifelhafte Fälle, in denen eine Verbandszugehörigkeit nachgewiesen wird, zur Kenntnis des Präsidenten der Reichstheaterkammer zu bringen, damit der Fall einer Nachprüfung unterzogen wird.

Ich bitte um nachdrückliche Durchführung meines Ersuchens. Es darf nicht dahin kommen, daß sich das Publikum gegen das Auftreten von Elementen, von denen es bereits befreit zu sein glaubte, mit Selbsthilfe zur Wehr setzt."

Daß dieses Ersuchen überhaupt nötig wurde, ist ein Beweis dafür, wie wenig ein Teil unserer Theaterdirektoren — auch die Filmtheater muß ich mit einrechnen — den Geist der neuen Zeit in sich aufgenommen haben. Die Irene Eisinger, Willi Rosen, die auf Berliner Operetten- und Kabarettbühnen plötzlich wieder auftauchten, sind keine Einzelfälle!

Gestrig klang auch das sogenannte „Konzert" jener sechs „Comedian Harmonists", das sie unlängst in der Berliner Philharmonie gaben. Die plärrende Jazzsang-Technik, mit der sie in Berlin einst große Erfolge hatten, bietet uns heute keine Reize mehr. — Sie ist überwunden, und die Sänger, die an sich über ein gutes und sehr gepflegtes Stimm-Material verfügen, täten gut, in Zukunft mehr das deutsche Volkslied zu pflegen, von dem sie leider nur zwei, aber dafür köstliche Proben: „Guter Mond, du gehst so stille" und „In einem kühlen Grunde" vortrugen.

Sie haben inzwischen erfahren, daß man selbst im jetzt französischen Straßburg noch ein gesundes deutsches Musikempfinden pflegt, denn die „Elsaß-Lothringer Zeitung" schrieb ihnen zum Abschied:

„Diesem Sextett geht ein übertriebener Ruf voraus. Auf Schallplatten und im Rundfunk gefallen sie; treten sie aber persönlich auf, so ist die Enttäuschung nicht gering. Sie erlauben sich zu viele Mätzchen und sind auch allzu selbstbewußt."

Ein Jazz ohne Instrumente scheinen die Comedian Harmonists sein zu wollen. Bei der Galerie haben sie damit Glück.

Viel Krampf und ein bißchen Leistung: so dürfen wir wohl die Ausbeute des Abends nennen.

Für eine beträchtliche Weile haben wir genug von ihrer Speise."

Recht so! — Nur durch einmütige und unzweideutige Ablehnung kann gewissen Theater- und Konzertdirektionen, die in ihrem Schaufenster jetzt einen Arier stehen haben, sonst aber weiterhin nach ihren jüdischen Grundsätzen mit Kunst handeln, eindringlichst beigebracht werden, daß sie den Geist der neuen Zeit noch immer nicht begriffen und darum möglichst plötzlich — abzutreten haben!

Daun

Fridericus, Deutsche Wochenschrift, 4. Ausgabe März 1934

eine Sondererlaubnis erhielten. Wegen befürchteter Regreßforderungen hatten die meisten Konzertveranstalter per Sammeltelegramm für die Harmonists interveniert, und so wurde ihnen die Zuendeführung der Tournee gestattet. Aber dennoch gab es neben Absagen in vielen Orten Rangeleien und immer neue Schikanen. Das letzte Konzert in München, das auch im Film zu sehen ist, behielten alle Akteure in besonderer Erinnerung. Ihr Abschiedslied *Auf Wiedersehn, my Dear* gewann eine sehr hintergründige Bedeutung.

Ab dem 1. Mai 1934, an dem die Sondergenehmigung auslief, blieb der Gruppe jeglicher Auftritt auf einer deutschen Bühne versagt; auch der Rundfunk hatte das Ensemble seit Frühjahr 1934 *gesperrt*. Auf die Plattenproduktion traf das übrigens nicht zu: 40% sämtlicher Plattenaufnahmen (58 Titel) mit der Originalbesetzung wurden in den Jahren 1933 bis 1935 gemacht. Sogar bis 1938 blieben die einmal aufgenommenen Platten im Vertrieb von Elektrola und spielten nicht geringe Summen ein. Freilich hatten die ins Exil Gegangenen in jener Zeit nichts mehr davon. 1934 kam es wegen der Verdienstausfälle innerhalb der Gruppe zum Streit. Die *Arier* beanspruchten einen höheren Anteil, weil ja die anderen schuld daran seien, daß man in Deutschland nicht mehr auftreten und verdienen könne. Es kam sogar zu einem Treffen bei einem Anwalt. Aber der riet nicht zu einer gerichtlichen Auseinandersetzung, sondern zu einer Rücknahme der Forderung, und so geschah es dann auch. Es blieb dabei, daß jedem ein Sechstel zustand. Vor allem hielt sich die Gruppe nun mit Auslandsauftritten über Wasser. Sie reiste in den letzten Monaten ihres Bestehens nach Dänemark, nach Amerika (dort gab es den berühmten Auftritt in New York auf dem Flugzeugträger *Saratoga* vor der versammelten Atlantik- und Pazifikflotte und außerdem mehr als 30 Rundfunkauftritte), nach Italien und Norwegen. Nicht zuletzt wurden diese Auslandstourneen auch unternommen, um zu testen, ob es möglich war, jenseits der Heimat sein Auskommen zu finden. Besonders der New-York-Aufenthalt stand unter dieser Frage. Aber letztlich kehrten alle gemeinsam wieder zurück. Vor allem Biberti machte geltend, daß die Konkurrenzsituation in den USA viel härter sei und daß er wegen seiner siebzigjährigen Mutter ohnehin nicht an Emigration denken könne. Bootz und Leschnikoff ließen sich mitziehen.

Die Situation in Deutschland war außerordentlich bedrohlich, aber trotzdem klammerte man sich an die letzten Hoffnungen. Zwar waren die Comedian Harmonists nicht in die Reichsmusikkammer aufgenommen worden und durften folglich nicht mehr in Deutschland auftreten, aber

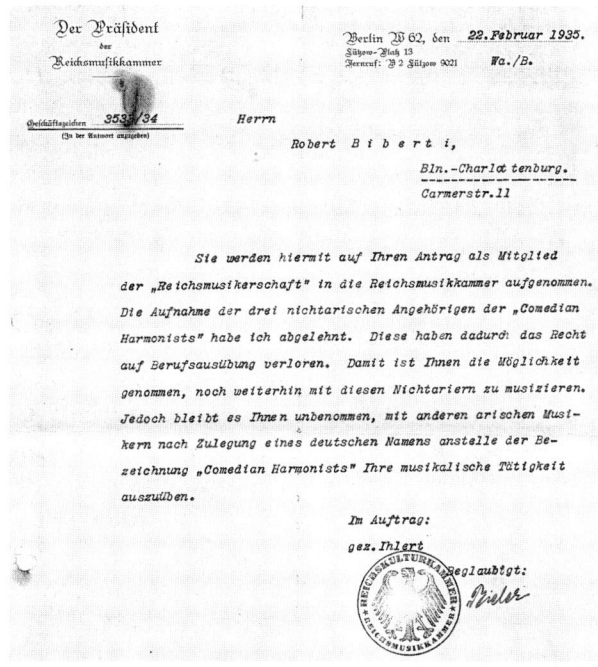

Das endgültige Verbot

andererseits war immer noch keine förmliche Ablehnung eingegangen. Das geschah nun am 22. Februar 1935. Biberti, Bootz und Leschnikoff erhielten positiven Bescheid, die drei *Nichtarier* wurden abgelehnt. Damit war ihnen endgültig das Recht auf Berufsausübung entzogen und die Gruppe in zwei Hälften geteilt.

Weltberühmtes Deutsches Gesangsensemble

ucht 2ten Tenor und Bariton, nicht über 30 Jahre. Ausführl. Angeb. mit genauen Angab. über bish. Tätigkeit erb. unter St 524 A Scherlfilia e Savignyplatz 3

Berliner Lokal-Anzeiger, 3. März 1935

Dann ging alles atemberaubend schnell. Nicht einmal zehn Tage später, am 3. März 1935, erschien im Berliner Lokal-Anzeiger wiederum eine Anzeige, in der Sänger gesucht wurden, nur diesmal anders als sieben Jahre zuvor: von einem weltberühmten Ensemble. Jeder wußte, wer sich hinter dieser kaum getarnten Anonymität verbarg. Aber so völlig unmoralisch und zynisch, wie diese Geschwindigkeit wirkt, scheint das Verhältnis untereinander wiederum doch nicht gewesen zu sein. Immerhin wurde am 1. März noch ein letztes Mal gemeinsam eine Schallplatte aufgenommen, was ja für alle Beteiligten nicht ungefährlich war. Man einigte sich außerdem darauf, daß aus den beiden Teilen jeweils wieder eine neue Gruppe gebildet werden sollte. Beide Gruppen sollten sich die Führung des Namens *Comedian Harmonists* gestatten. Die eine Gruppe würde in Deutschland agieren, die andere im Ausland, so daß man einander keinerlei Konkurrenz machen könnte. Diejenigen, die ins Ausland gingen, sollten dort angesichts des Verbots in Deutschland den Namen *Comedian Harmonists* schützen, damit nicht irgendein Dritter ihn sich aneignete. Vielleicht stand dahinter die Hoffnung oder Illusion, man könne bald wieder zusammenfinden. Als aber Erich Collin am 15. 3. 1935 in Paris eine GmbH mit dem Namen *Comedian Harmonists* anmeldete, erboste das Biberti über alle Maßen, weil er sich hintergangen fühlte. Er ließ Cycowski, der als letzter der drei Emigranten noch einige Wochen in Berlin geblieben war, eine Bestätigung unterschreiben, die den in Deutschland bleibenden Akteuren die Führung des alten Namens ausdrücklich gestattete. Offenbar war die Stimmung sehr gereizt, hatte das Mißtrauen schon alles vergiftet, so daß Kleinigkeiten und Mißverständnisse plötzlich entscheidende Bedeutung gewannen. Natürlich war der Name nicht von den Freunden angefochten worden, sondern von den Nazis verboten. Das hinderte Biberti jedoch nicht, noch Jahre gerichtlich bis hin zum Internationalen Gerichtshof in Den Haag gegen die Patentierung vorzugehen, was im Grunde überhaupt nichts einbringen konnte, sondern sehr viel Geld kostete.

Das *Meistersextett* in Deutschland

Die in Deutschland verbliebenen Mitglieder der Comedian Harmonists suchten schon per Zeitungsanzeige nach neuen Mitstreitern, als die alten noch gar nicht außer Landes waren. Aufgenommen wurden nach einigen Tests: Walter Blanke als Bariton, Richard Sengeleitner als zweiter Tenor und der Ungar Janos Kerekes für Harry Frommermann. Sie wurden jedoch nicht gleichberechtigte Teilhaber, sondern erhielten als Angestellte von Biberti, Bootz und Leschnikoff ein festes Gehalt von 500 Reichsmark. Bevor jedoch im August 1935 die ersten beiden Titel des Ensembles auf Platte aufgenommen werden konnten, gab es bereits den ersten Wechsel in der Gruppe: Kerekes wurde durch Alfred Kassen ersetzt.

Das neu gegründete Ensemble nannte sich jetzt *Meistersextett*, nachdem Biberti mit den nationalsozialistischen Machthabern zäh darum gekämpft hatte, doch den alten Namen behalten zu dürfen. Als er schließlich einsehen mußte, daß es dafür keine Chance geben würde, versuchte er, wenigstens den Zusatz *»früher Comedian Harmonists«* führen zu dürfen. Realistischerweise ging er davon aus, daß dieses Markenzeichen unverzichtbar ist. Der Zusatz wurde nach langem Hin und Her genehmigt. Reglementiert wurde allerdings die Größe. *Meistersextett* mußte auf den Plakaten größer geschrieben werden als Comedian Harmonists. Das Feilschen nahm auch später kein Ende. Zeitweilig mißfiel Goebbels sogar der Name *Meistersextett*, so daß er ihn vorübergehend verbot. Lange Proben waren erforderlich, bis sich die neuen Musiker eingearbeitet hatten. Im Oktober 1935 konnten erste Konzerte stattfinden, doch verfügte das Ensemble zunächst nur über ein Anfangsrepertoire von 15 Titeln, welches allmählich erweitert wurde. Hinzu kam, daß sämtliche jüdischen Kompositionen aus dem alten Repertoire gestrichen werden mußten. Dazu zählten die Erfolgstitel *Das ist die Liebe der Matrosen*, *Ein Freund, ein guter Freund* und *Veronika, der Lenz ist da*. Statt dessen sang man nun deutsche Lieder, Volkslieder und Schlager.

1936 trennte man sich von Sengeleitner und Blanke und verpflichtete nach einigen Zwischenlösungen Alfred Grunert und Herbert Imlau. In dieser Besetzung trat die Gruppe dann die folgenden Jahre auf.

Mit bis zu 140 Auftritten pro Jahr, zahlreichen Plattenaufnahmen, Rundfunkauftritten und Angeboten vom Film konnte das Meistersextett durchaus auf Erfolge verweisen, auch wenn die frühere Qualität nicht mehr erreicht wurde.

Noch ehe die politischen Verhältnisse das Ende des Meistersextetts herbeiführen konnten, begann der innere Zerfall der Gruppe. Die künstlerischen Mittel waren unter den Bedingungen des Dritten Reichs bald

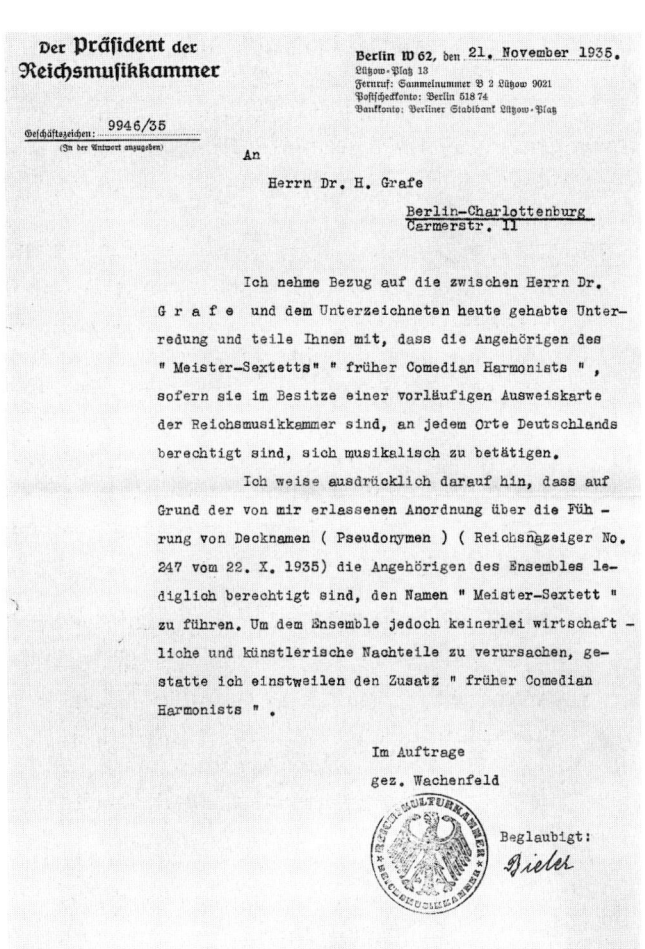

Der **Präsident** der
Reichsmusikkammer

Berlin W 62, den 21. November 1935.
Lützow-Platz 13
Fernruf: Sammelnummer B 2 Lützow 9021
Postscheckkonto: Berlin 518 74
Bankkonto: Berliner Stadtbank Lützow-Platz

Geschäftszeichen: 9946/35
(In der Antwort anzugeben)

An

Herrn Dr. H. Grafe

Berlin-Charlottenburg
Carmerstr. 11

Ich nehme Bezug auf die zwischen Herrn Dr.
G r a f e und dem Unterzeichneten heute gehabte Unter-
redung und teile Ihnen mit, dass die Angehörigen des
" Meister-Sextetts" " früher Comedian Harmonists " ,
sofern sie im Besitze einer vorläufigen Ausweiskarte
der Reichsmusikkammer sind, an jedem Orte Deutschlands
berechtigt sind, sich musikalisch zu betätigen.

Ich weise ausdrücklich darauf hin, dass auf
Grund der von mir erlassenen Anordnung über die Füh -
rung von Decknamen (Pseudonymen) (Reichsanzeiger No.
247 vom 22. X. 1935) die Angehörigen des Ensembles lediglich berechtigt sind, den Namen " Meister-Sextett "
zu führen. Um dem Ensemble jedoch keinerlei wirtschaft -
liche und künstlerische Nachteile zu verursachen, ge-
statte ich einstweilen den Zusatz " früher Comedian
Harmonists " .

Im Auftrage
gez. Wachenfeld

Beglaubigt:
Bieler

Der Streit über den Namen des Ensembles zog sich noch über Jahre hin

erschöpft. Die Elektrola verzichtete auf weitere Plattenaufnahmen, da es
den Titeln immer mehr an Lebendigkeit und an Qualität fehlte. Perso-
nelle Streitigkeiten blieben nicht aus. Aufgrund der inneren Spannungen
im Meistersextett verließ Erwin Bootz im Juni 1938 das Ensemble und
ging als musikalischer Leiter zum Kabarett der Komiker in Berlin. Weil
er hoch verschuldet war, überließ er seine Anteile am Unternehmen
gegen die Übernahme aller Verbindlichkeiten Biberti und Leschnikoff.
Nach seinem Weggang spitzte sich der latente Konflikt zwischen diesen
beiden zu. Sie waren nun alleinige Teilhaber des Meistersextetts, doch
hatte Biberti vertraglich einige Sonderrechte für sich gesichert, die
Leschnikoff unwissentlich unterschrieben hatte. Biberti drängte sich
immer mehr als Chef der Gruppe in den Vordergrund.

Leschnikoff war im August 1939 nach Bulgarien gereist und kam zunächst nicht zurück. Seine Frau teilte Biberti mit, daß er zu Manövern in Bulgarien einberufen worden war. Von Dezember 1939 bis April 1940 war Leschnikoff noch einmal in Berlin, doch die nicht abreißenden Konflikte mit Biberti führten dazu, daß er Deutschland endgültig verließ und nach Sofia zurückkehrte.

Das Meistersextett war damit restlos zerstört. Biberti entließ zunächst alle angestellten Mitglieder. Kurze Zeit darauf suchte er über eine Annonce neue Sänger zusammen. Aber im zweiten Kriegsjahr jemand Geeigneten zu finden, der nicht zum Militär eingezogen war, schien fast unmöglich. Trotzdem gelang es ihm, wieder eine Gruppe aufzubauen. Bis zum Frühjahr 1941 konnte sich das Meistersextett noch über Wasser halten, dann wurden wiederum einige Sänger zum Militär eingezogen. Im November 1941 verhängte die Reichsmusikkammer dann das endgültige Verbot über die Gruppe, weil ihre Darbietungen nicht geeignet seien, »den Wehrgedanken des deutschen Volkes zu stützen«.

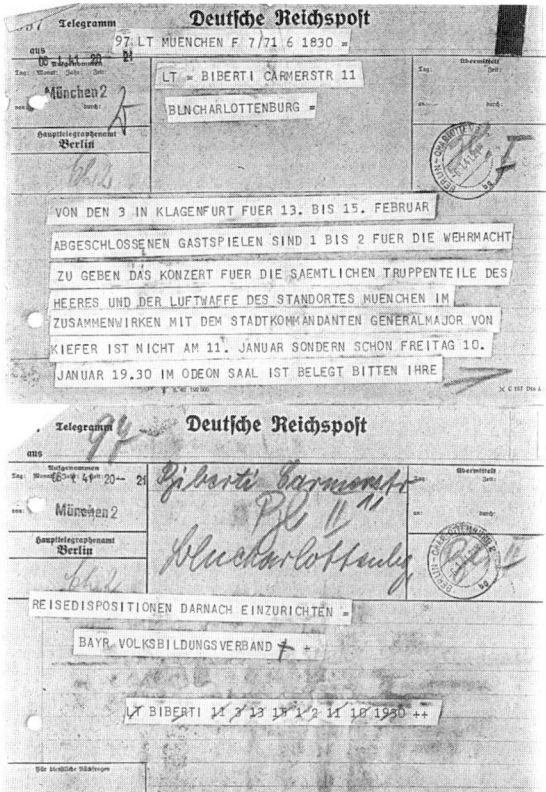

Die »normale« Organisation von Konzerten wurde völlig unmöglich

Nach dem Zerfall des Meistersextetts ...

Robert Biberti wurde 1941 zur Berliner Luftschutz-warnzentrale eingezogen. Ein Jahr später kam er zum Militär, konnte aber zunächst in Berlin bleiben. Aufgrund seiner handwerklichen Geschicklichkeit kam er in die Waffenmeisterei. Um nicht an die Front zu müssen, versuchte er sich hier unentbehrlich zu machen. Nach einem Jahr stand seine Verschickung an die vorderste Linie jedoch unmittelbar bevor. Durch seinen Bekannten Paul Wenzlaff, der in einem Forschungslabor in Zoppot arbeitete und sich mit der Fernlenkung von Nachläufer-Torpedos beschäftigte, blieb ihm die Front erspart. Wenzlaff gelang es, ihn als Mitarbeiter anzufordern.

1944 heiratete Biberti seine langjährige Freundin Hilde Longino, mit der er insgesamt 34 Jahre seines Lebens verbrachte. Durch Intervention Emmy Görings, gelang es ihm, im Februar 1945 Zoppot zu verlassen, bevor die Sowjetarmee heranrückte. Er fuhr zurück nach Berlin und fälschte sich Papiere, die angaben, daß er vom Militärdienst befreit sei. Dennoch wurde er in den letzten Kriegstagen noch zum Volkssturm gezogen, um die Stadt Weida zu verteidigen. Nach Einnahme der Stadt gelang es ihm trotzdem, den amerikanischen Besatzern einzureden, daß er kein Soldat sei. So durfte er Weida verlassen und nach Berlin zurückkehren. Nach dem Krieg beantragte er seine Anerkennung als Verfolgter des Nationalsozialismus und erhielt eine Kapitalentschädigung. Außerdem lebte er von den Tantiemen der Comedian Harmonists, die er sich über viele Jahre allein aneignete. Zwischen 1950 und 1980 widmete er sich vorrangig dem Antiquitätenhandel. Zu diesem Zweck hatte er sich eine kleine Restaurationswerkstatt eingerichtet. Da er schon immer ein leidenschaftlicher Fotograf gewesen war, hatte er unzählige Fotos der Comedian Harmonists und des Meistersextetts in seinem Archiv zusammengetragen. Diese brachten ihm jetzt zusätzliche Einkünfte. Außerdem schrieb er Sendungen über das Ensemble für den Rundfunk. Am 2. November 1985 starb Robert Biberti mit 83 Jahren in Berlin an Nierenversagen.

Nachdem **Ari Leschnikoff** Ende 1939 noch einmal aus Bulgarien zurückgekehrt war, versuchte er in Deutschland noch einige Zeit Verträge als Solosänger zu erhalten. 1940 kehrte er nach Sofia zurück. Hier nahm er bei der Plattenfirma Mikrophon eine Reihe von Liedern seiner Heimat auf. Ein Jahr später wurde er als Hauptmann der Reserve eingezogen, konnte jedoch in Sofia bleiben. Von seinem Vermögen kaufte er sich hier ein mehrstöckiges Wohnhaus. Bei einem Bombenangriff wurde dieses Haus 1944 völlig zerstört. Leschnikoff verlor alles, was er besaß. Auf seinen Wunsch hin wurde er im gleichen Jahr demobilisiert und arbeitete eine Zeitlang als freier Sänger. Nach der Verstaatlichung des Kunstbetriebs wies ihn das Kultusministerium als Sänger einer Gruppe aus Artisten, Clowns und Ballerinen zu. Zudem hatte er Auftritte mit einem Zigeunerorchester.

1947 kehrte seine Frau Delphine, die Engländerin war, von einer Englandreise anläßlich der Beerdigung ihres Vaters nicht wieder zu ihm zurück. Ihren gemeinsamen Sohn Simon nahm sie mit. Einige Jahre später heiratete Leschnikoff ein zweites Mal. Zugleich wurde er als Hilfsarbeiter in eine Fabrik geschickt. Später arbeitete er hier als Lagerverwalter für Werkzeuge und Materialien. Als er nach fünf Jahren diesen Betrieb verließ, geriet er in große finanzielle Schwierigkeiten. Dies veranlaßte ihn, an Biberti zu schreiben. Er bat ihn um seinen Anteil an den Plattenverkäufen der Comedian Harmonists und um Geld von seinem in Italien verbliebenen Konto. Doch Biberti konnte ihm die alten Zwistigkeiten nicht verzeihen und antwortete nicht.

Bis über das Rentenalter hinaus arbeitete Leschnikoff als Gärtner in den Grünanlagen von Sofia. Als Sänger blieb er in Bulgarien völlig unbekannt. 1965 besuchte er auf eine Einladung hin die DDR. Drei Jahre später wurde er Ehrenmitglied des Berliner Schauspielhauses. Daraufhin wurden auch die bulgarischen Behörden auf ihn aufmerksam. Er erhielt mehrere Auszeichnungen und zwei Schallplatten mit Soloaufnahmen aus den vierziger Jahren. Von seiner Armut befreite ihn das nicht. Am 31. Juli 1978 starb Ari Leschnikoff in Sofia im Alter von 81 Jahren.

Erwin Bootz 1938, im Jahr seines Weggangs vom Meistersextett, ließ sich Erwin Bootz von seiner Frau Ursula scheiden. Seine Freunde warfen ihm daraufhin vor, sie nur verlassen zu haben, weil sie Jüdin war. Tatsächlich galt die Eheschließung mit einer jüdischen Frau seit den Nürnberger Rassegesetzen von 1935 als verboten, doch galt dieses Gesetz nicht für bereits bestehende Ehen. Bootz selbst hat die Vorwürfe gegen ihn immer bestritten. Er heiratete etwa ein Jahr nach der Scheidung seine alte Jugendliebe.

Zwei Jahre arbeitete Erwin Bootz am Kabarett der Komiker als Autor, Orchesterleiter und Komponist. Anschließend machte er mit Chansons Tourneen durch Deutschland.

Im Januar 1942 wurde er Soldat und in der Nähe von Hannover kaserniert. Um die langweiligen Abende in der Kaserne zu überbrücken, studierte er für seine Kameraden kleine Programme zur Unterhaltung

Gesetz zum Schutze des deutschen Blutes und der deutschen Ehre

Vom 15. September 1935

Durchdrungen von der Erkenntnis, daß die Reinheit des deutschen Blutes die Voraussetzung für den Fortbestand des Deutschen Volkes ist, und beseelt von dem unbeugsamen Willen, die Deutsche Nation für alle Zukunft zu sichern, hat der Reichstag einstimmig das folgende Gesetz beschlossen, das hiermit verkündet wird:

§ 1

(1) Eheschließungen zwischen Juden und Staatsangehörigen deutschen oder artverwandten Blutes sind verboten. Trotzdem geschlossene Ehen sind nichtig, auch wenn sie zur Umgehung dieses Gesetzes im Ausland geschlossen sind.

(2) Die Nichtigkeitsklage kann nur der Staatsanwalt erheben.

§ 2

Außerehelicher Verkehr zwischen Juden und Staatsangehörigen deutschen oder artverwandten Blutes ist verboten.

§ 3

Juden dürfen weibliche Staatsangehörige deutschen oder artverwandten Blutes unter 45 Jahren in ihrem Haushalt nicht beschäftigen.

§ 4

(1) Juden ist das Hissen der Reichs- und Nationalflagge und das Zeigen der Reichsfarben verboten.

(2) Dagegen ist ihnen das Zeigen der jüdischen Farben gestattet. Die Ausübung dieser Befugnis steht unter staatlichem Schutz.

§ 5

(1) Wer dem Verbot des § 1 zuwiderhandelt, wird mit Zuchthaus bestraft.

(2) Der Mann, der dem Verbot des § 2 zuwiderhandelt, wird mit Gefängnis oder mit Zuchthaus bestraft.

(3) Wer den Bestimmungen der §§ 3 oder 4 zuwiderhandelt, wird mit Gefängnis bis zu einem Jahr und mit Geldstrafe oder mit einer dieser Strafen bestraft.

§ 6

Der Reichsminister des Innern erläßt im Einvernehmen mit dem Stellvertreter des Führers und dem Reichsminister der Justiz die zur Durchführung und Ergänzung des Gesetzes erforderlichen Rechts- und Verwaltungsvorschriften.

§ 7

Das Gesetz tritt am Tage nach der Verkündung, § 3 jedoch erst am 1. Januar 1936 in Kraft.

Nürnberg, den 15. September 1935, am Reichsparteitag der Freiheit.

Der Führer und Reichskanzler
Adolf Hitler

Der Reichsminister des Innern   Der Reichsminister der Justiz
            Frick   Dr. Gürtner

Der Stellvertreter des Führers
R. Heß
Reichsminister ohne Geschäftsbereich

Reichsgesetzblatt I S. 1146 Nr. 100 vom 16. September 1935.

Bestehende Ehen waren formal nicht betroffen, allerdings trotzdem Repressionen ausgesetzt

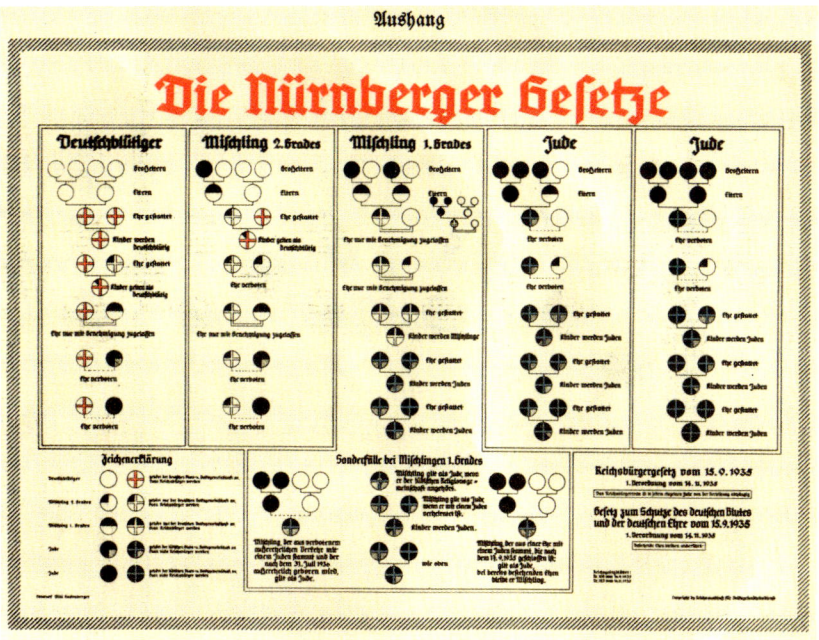

Solche propagandistischen Schautafeln waren als Plakat zu bestellen

ein. Aufgrund der Qualität seiner Darbietungen nahm er bald einen Sonderstatus ein und genoß Privilegien. Nach einem dreiviertel Jahr wurde er »u.k.« gestellt und somit faktisch vom Wehrdienst befreit. Er trat vor Soldaten in Rußland, Polen und Frankreich auf und bot Nachtprogramme in Offizierskasinos.

1944 wurde sein Sohn geboren, und es gelang Bootz in der Nähe Berlins in einem Syndikat unterzukommen, das Trickfilme herstellen sollte. Kurz darauf wurde der gesamte Kunstbetrieb in Deutschland jedoch eingestellt. Bootz sollte sich wie alle anderen Künstler zur Registrierung für kriegswichtige Arbeit melden, entzog sich aber unauffällig. Erst kurz vor Kriegsende wurde er als Volkssturmmann in Berlin eingesetzt.

Nach dem Krieg fing er alsbald an, wieder zu produzieren und für den Rundfunk zu arbeiten. Er trat in Kinos und Vergnügungslokalen auf. 1946 stellte er in der Neuen Scala das Ensemble *Singing Stars* zusammen, das aus acht Frauen bestand, aber nur kurze Zeit existierte. In dieser Zeit ließ er sich von seiner zweiten Frau scheiden.

Durch einen Freund kam er bei der Bavaria in München als Synchronsprecher unter. Er arbeitete dann auch in Berlin und Hamburg, schrieb über 180 Dialogbücher und übernahm bei circa 100 Filmen die Dialogregie.

1959 wanderte er hauptsächlich wegen seiner angewachsenen Steuerschulden nach Kanada aus, wo seine Schwester für ihn bürgte. Hier schlug er sich ein Jahr als Versicherungsagent durch und heiratete ein drittes Mal. Inzwischen hatte er in Toronto genügend Bekanntschaften gesammelt, die ihm halfen, wieder ins Musikleben einzusteigen. Er begann, in verschiedenen Bars und Lokalen zu spielen und schrieb Sketche für Fernsehen und Rundfunk. Schließlich hatte er sogar eine eigene kleine TV-Show.

Nach elf Jahren kehrte er nach Deutschland zurück. Durch die Bekanntschaft mit Peter Zadek kam er als musikalischer Leiter ans Bochumer Theater. Hier schrieb er unter anderem die Musik zu *Kleiner Mann, was nun?* und *Professor Unrat*. In späteren Jahren arbeitete er auch für andere Theater in Bremen und Berlin.

Erwin Bootz starb am 27. Dezember 1982 im Alter von 75 Jahren infolge eines Herzinfarktes in Hamburg.

Die Wiener Comedian Harmonists – später *The Comedy Harmonists*

Im März 1935 verließen Frommermann, Collin und Cycowski Berlin und gingen nach Wien. Zwar gelang es ihnen mit Hilfe ihres Geschäftsführers Rudolph Fischer-Maretzki, mehrere tausend Mark über die Grenze zu schmuggeln, doch verloren sie ansonsten ihr gesamtes Hab und Gut und einen Großteil ihres Vermögens, da man offiziell nur 50,– Mark ausführen durfte.

Wie ihre Berliner Kollegen versuchten sie möglichst rasch geeignete Musiker für ihr Ensemble zu finden. Schließlich engagierten sie den Pianisten Ernst Engel und den Tenor Hans Rexeis, die ihnen aus Berlin folgten, sowie den Baß Rudolf Mayreder aus Wien. Im Mai 1935 war das neue Ensemble zusammengestellt. Fast gleichzeitig wurde den Geflüchteten die deutsche Staatsbürgerschaft aberkannt, so daß sie staatenlos wurden. Es gelang ihnen österreichische Protektionspässe zu bekommen, mit denen man bis zum Anschluß Österreichs an Hitlerdeutschland noch ins Ausland reisen konnte.

Harry Frommermann arbeitete Tag und Nacht an neuen Kompositionen. Um die monatelangen Proben zu finanzieren, mußten Darlehen bei Wiener Freunden aufgenommen werden.

Silvester 1935/36 gaben die Wiener Comedian Harmonists ihr erstes Konzert mit den neuen Mitgliedern. Zuvor hatten sie sich in Nachtclubs und Varietés erprobt. Es folgten bejubelte Auftritte in Paris, Luxemburg und Skandinavien. Weitere Tourneen führten sie durch Rußland, Belgien und andere europäische Länder. Anders als bei ihren deutschen Kollegen war jedes Mitglied mit einem Sechstel am Gewinn beteiligt.

Die englische Grammophon Company nahm die Wiener Comedian Harmonists unter Plattenvertrag, schlug aber eine Änderung des Namens in »The Comedy Harmonists« vor, der dann auf fast allen Schallplatten verwendet wurde. Auf Konzerten trat die Gruppe aber teilweise noch unter ihrem alten Namen auf.

1937 erhielt das Ensemble das Angebot, für ein halbes Jahr nach Australien zu kommen. Zuvor trennte man sich von Ernst Engel aufgrund seiner Unzuverlässigkeit und seiner Alkoholprobleme und engagierte Fritz Kramer. In Australien hatten die Gruppe riesige Erfolge. Insgesamt gaben die Sänger 65 Konzerte, die alle ausverkauft waren.

Ahnungslos kehrten die Ensemblemitglieder von einer Gastspielreise just zu dem Zeitpunkt aus Italien zurück, als deutsche Truppen in Österreich einmarschierten. Noch in derselben Nacht ließen die Gefährdeten ihre bald darauf wertlos werdenden österreichischen Pässe verlängern und flüchteten in die Schweiz, ohne ihre Wiener Wohnungen noch einmal betreten zu haben. Von dort aus fuhren sie nach London, wo sie »Nansen-Pässe« für Staatenlose erhielten, die es ihnen ermöglichten, fast alle Länder der Erde zu bereisen.

Die Comedy Harmonists sahen die ganze Welt. Über Südafrika und Südamerika, wo sie unter anderem in Brasilien, Uruguay, Chile und Argentinien konzertierten, führten ihre Tourneen sie 1939 nach Kanada und in die USA. Auch wenn sie überall großen Zuspruch fanden, konnten sie in diesen Ländern nicht an die Erfolge von Australien anknüpfen. Schon deshalb lag es nahe, daß sie dieses Land als Wohnsitz wählen wollten. Der Kriegseintritt Australiens zerstörte ihre Träume jedoch. Ihm folgte eine Internierungswelle, die alle Deutschen und Österreicher mit Verhaftungen und Beschlagnahmungen ihrer Vermögen traf. Zunächst konnten die Comedy Harmonists aufgrund ihrer britischen Pässe weiter gastieren. Sie hatten zudem eine Sondergenehmigung für ihre Konzerte vom australischen Verteidigungsministerium erhalten. Dennoch verließen sie Australien 1940 erneut und brachen zu einer zweiten Amerika-Tournee auf.

Wie die Mitglieder der Gruppe rückblickend erzählten, verhinderte der deutsche U-Boot-Krieg, daß das Ensemble die Vereinigten Staaten wieder verlassen konnte, um erneut nach Australien zu reisen. Passagierschiffe durften aus Sicherheitsgründen nicht mehr auslaufen. Aber der einzige Grund für's Bleiben in Amerika war das sicher nicht.

Obwohl sie englisch sangen, konnten sich die Comedy Harmonists in den USA nur mühsam mit Auftritten in der Provinz durchschlagen. Als Ursache für ihren mangelnden Erfolg sahen sie die durch den Krieg bedingte Abneigung der Amerikaner gegen alles Deutsche. Der Zusammenhalt der Gruppe ging immer mehr verloren.

Im März 1941 erhielt Cycowski die Nachricht vom Tod seines Vaters. Er war im Lodzer Ghetto von Landsleuten auf der Straße erschlagen worden. Immer war es der Wunsch seines Vaters gewesen, daß Roman, wenn schon nicht Rabbi, so doch wenigstens Kantor werden sollte. Diesen Wunsch wollte ihm Cycowski nun erfüllen. Er verließ das Ensemble ebenso wie Mayreder, der aufgrund eines Streites mit Collin kündigte und zunächst zum Chor der Metropolitan Oper ging, bevor er nach Österreich zurückkehrte. Rexeis und Kramer fuhren nach Kuba, um von dort aus ihre Einbürgerung in die USA zu betreiben. Die Comedy Harmonists lösten sich damit im gleichen Jahr auf, wie ihre Kollegen in Deutschland. Nur Harry Frommermann wollte nicht aufgeben. Er blieb seiner Idee des »Vocal Orchestra« über Jahre hinweg mit immer neuen Versuchen verbunden.

Nach der Trennung der Comedy Harmonists

Harry Frommermann zog nach New York und nannte sich Frohman, weil er meinte, daß sich das für Amerikaner leichter aussprechen ließe. Nach der Auflösung der Comedy Harmonists versuchte er ein neues Ensemble mit amerikanischen Sängern aufzubauen, scheiterte aber an

mangelnden Finanzen. Erst 1943 gelang ihm sein Vorhaben, gesponsert von dem ungarischen Kapellmeister Ernö Rapée. Doch schon nach dem ersten Auftritt wurde Frommermann zum Militär eingezogen. Er wurde einem Infanterie-Regiment zugeteilt, erlitt aber schon während seiner Ausbildung einen Unfall, infolgedessen er »dienstuntauglich für Übersee« erklärt wurde. Bis Kriegsende blieb er somit in Amerika stationiert. Er kam als Entertainment Specialist in eine Betreuungskompanie für Verwundete. Hier hatte er künstlerische Darbietungen für Lazarette zu organisieren, was ihm aufgrund seiner Begabungen sehr gut gelang. Im August 1945 ging er wieder nach New York. Zufällig fand er eine Anstellung bei der amerikanischen Regierung. Er kehrte als

Übersetzer für den Nürnberger Kriegsverbrecher-Prozeß zurück nach Deutschland. Nach sechs Monaten zog er nach Berlin und übernahm bis 1948 eine Stelle als Nachrichtenoffizier beim RIAS. Dort hatte er im demokratischen Sinne auf die Programmgestaltung der Sendungen einzuwirken. Beim RIAS traf er Biberti wieder, der sich um eine Stelle bei diesem Sender beworben hatte. Frommermann verhinderte die Anstellung im Hinblick auf Bibertis Dominanz und Rücksichtslosigkeit, die er nur allzu gut in Erinnerung behalten hatte.

1948 wurde Frommermann aus der amerikanischen Armee entlassen. Die Gründe dafür sind nicht ganz geklärt. Wahrscheinlich war eine neue Verordnung der Anlaß, die bestimmte, daß dieser Posten nur an Personen vergeben werden durfte, die die amerikanische Staatsbürgerschaft mindestens fünf Jahre besaßen. Frommermann richtete sich daraufhin in Zürich ein kleines Büro als Hausmakler ein. Kurz darauf erhielt er einen Hilferuf von Collin aus Oslo, der ihn für sein Nachfolgensemble der Comedy Harmonists brauchte, dem während einer Tournee ein Sänger gestorben war. Frommermann nahm an einigen Konzerten des Ensembles teil, doch schon bald trennte er sich von dieser Gruppe, weil die jungen Sänger, die Collin engagiert hatte, nach den ersten Erfolgen nicht bereit waren, sich hartem Weiterüben zu unterziehen. Frommermanns Qualitätsmaßstäbe orientierten sich an dem, was er mit den Comedian Harmonists schon erreicht hatte. Sein Bleiben schien ihm daher unmöglich.

Anfang 1949 ging er nach Rom und arbeitete dort als künstlerischer Beirat bei Radio Roma. Zusammen mit italienischen Sängern stellte er hier erneut eine Gruppe im Stil der alten Comedian Harmonists auf die Beine. Diesmal arbeitete er auch mit Frauen. *Harry Frohman and his Harmonists* erhielten beim italienischen Rundfunk einen Vertrag. Doch auch dieses Ensemble existierte nur für kurze Zeit. Als es im Ausland gastieren wollte, gab es unüberbrückbare Probleme mit den Sängerinnen, die ohne Anstandsdame nicht reisen durften.

1951 kehrte Frommermann zurück in die Schweiz und versuchte dort eine Im- und Exportfirma aufzubauen. Auch dieser Versuch schlug fehl. Zudem wurde er krank. Weil er als arbeitsloser Fremder nicht in der Schweiz bleiben durfte, ging er zurück in die USA. Hier ließ er sich als Aufnahmeleiter für Radio- und Fernsehproduktionen ausbilden, fand in diesem Beruf jedoch keine Anstellung. 1952 folgte die Scheidung von seiner Frau, zu der er seit seiner Rückkehr nach Deutschland keinen Kontakt mehr gehabt hatte. Auch eine zweite Ehe, die er 1956 mit Paula Wolff einging, scheiterte. Nach langer verzweifelter Arbeitslosigkeit landete er schließlich als Packer am New Yorker Hafen, arbeitete dann am

Fließband und wurde schließlich von einer Firma eingestellt, die Alarm-
anlagen produzierte. Unter diesen Arbeiten litt er sehr. Wieder war er in
dieser Zeit oft krank.

Frommermann versuchte sich als Hilfsbuchhalter, Taxifahrer und
Verkäufer von Küchenmöbeln; er widmete sich in seiner freien Zeit
immer wieder der Musik. 1962 kehrte er erneut nach Deutschland
zurück, um seinen Anspruch auf Wiedergutmachung durchzusetzen.
Damit war er finanziell einigermaßen abgesichert. Die letzten 13 Jahre
seines Lebens verbrachte er mit Erika von Späth. In ihrem Hause setzte
er seine musikalischen Versuche fort. Nach den schier endlosen Rück-
schlägen, die der leidenschaftliche Sänger und Arrangeur immer wieder
hinnehmen mußte, wenn er Gruppen aufzubauen versuchte, wollte er es
mit Hilfe neuerer Technik nun allein schaffen: Ein ganzes Orchester
sollte mit Hilfe seiner Fähigkeit, Instrumente zu imitieren, *erklingen*. Bis
zu 28 Instrumentationen mußten mit der eigenen Stimme nacheinander
nach einzelnen Partituren imitiert und synchron zusammengestellt
werden. An die Öffentlichkeit ging er damit jedoch nicht.

Frommermanns letzte Lebensjahre waren von Krankheiten über-
schattet. 1975 starb er in Bremen.

Roman Cycowski ging 1941 nach Los Angeles. Hier
gründete er mit seinem Cousin einen Night-Club
in Palm Springs. Er hoffte damit genügend Geld zu
verdienen, um seiner Familie in Polen helfen zu
können. Als die Japaner im Dezember 1941 den
Amerikanern den Krieg erklärten, wurde ein Großteil seiner Gäste eingezogen, und Cycowski ging
bankrott.

In Los Angeles bekam er einen Kantorposten in
einer orthodoxen Synagoge angeboten. Hier erfüllte
er nun den Wunsch seines Vaters. Zusammen mit
seiner Frau wurde er eingebürgert. Neben seiner
Arbeit als Kantor eröffnete er ein Gesangsstudio
und bildete viele Kantoren und Sänger aus. Einige
seiner Gottesdienste wurden über Radio für jüdische amerikanische
Soldaten nach Europa übertragen.

Nach dem Krieg erreichte Cycowski die schockierende Nachricht vom
Tod dreier Geschwister. Lediglich eine Schwester hatte das Konzentrati-
onslager Auschwitz überlebt.

1947 nahm Cycowski das Angebot des Beth-Israel-Tempels in San
Francisco an, als Kantor hier zu arbeiten. Fünfundzwanzig Jahre blieb er

in dieser Stadt und gründete neben einem Chor für Erwachsene, in dem er selbst mitsang, auch einen Kinderchor. Cycowski erhielt eine Reihe von Auszeichnungen für seine Arbeit. Mit 70 Jahren gab er seinen Kantorposten auf und zog sich zurück nach Palm Springs. Doch schon bald wurde ihm sein Rentnerdasein zu langweilig und er nahm erneut eine Kantorenstelle an, denn trotz seines hohen Alters hatte er seine schöne Stimme behalten. Cycowski lebt mit seiner Frau Mary in Palm Springs.

Erich A. Collin ging nach Los Angeles und arbeitete dort als Verkäufer in einer Weinhandlung, die 1942 bankrott ging. Albert Einstein, den er durch seinen Vater kannte, verschaffte ihm daraufhin ein Lektorat an einer New Yorker Universität. Dort referierte er über altdeutsche Musik.

Nachdem sein Vertrag nicht verlängert wurde, arbeitete er als Verkäufer von Enzyklopädien und später von Damenmode. Da zu dieser Zeit gerade das Plexiglas in Mode kam, absolvierte er einen Spezialkurs für Kunststofftechnik in Pasadena und fand daraufhin eine Anstellung in einer Fiberglas-Fabrik.

Nach über 7 Jahren sah er 1947 seine Frau Fernande und seine Tochter Susan wieder, von denen er durch den Krieg getrennt wurde und die die ganze Zeit in Frankreich geblieben waren.

Als Collin erneut arbeitslos wurde, begann er noch einmal ein Ensemble aufzubauen und versuchte Frommermann und Cycowski dafür zu gewinnen. Doch beide sagten ihm ab. Er fand aber einige geeignete amerikanische Sänger und ging mit ihnen nach Europa. Als ein Mitglied des Ensembles starb, kam Frommermann doch noch für kurze Zeit dazu. Dennoch löste sich die Gruppe nach acht Monaten wieder auf. Sie scheiterte an der mangelnden Probebereitschaft und Disziplinlosigkeit ihrer jungen Mitglieder.

Collin versuchte nun, sich mit einer kleinen Werkstatt für Plastik selbständig zu machen. Ab 1956 arbeitete er als gut bezahlter Plastikspezialist bei der Northorp-Aircraft in Hawthorne.

Am 28. April 1961 starb Erich Abraham-Collin mit 62 Jahren während einer Blinddarm-Operation an Herzversagen.

Klaus Richter   AUS DEM

DREHBUCH

11. Wohnung Harry
Innen / Tag

Harry sitzt am verstimmten Klavier und begleitet unbeholfen einen JÜNGLING, der *Ich küsse Ihre Hand, Madame* knödelt. Die Stimme trieft vor Schmalz. Harry verdreht die Augen. Schon nach kurzer Zeit beginnt der Papagei zu kreischen. Harry bricht ab.

HARRY mit Grabesstimme: **Danke.**

JÜNGLING: **Ich bin doch noch gar nicht fertig.**

HARRY geht schnell zur Tür: **Aber ich.** Hält die Tür auf, ruft nach draußen: **Der Nächste bitte!**

Der Jüngling stolziert beleidigt hinaus, ein HAGERER im Biberpelzmantel kommt herein, geht zum Klavier. Grinst nur vor sich hin.

HARRY setzt sich ans Klavier, wartet: **Na, was ist? Was möchten Sie singen?**

DER HAGERE: **Wer redet denn hier von Singen?** Er öffnet blitzschnell den Mantel. Wir sehen im Innenfutter eingehängte Döschen, Fläschchen, Tüten. DER HAGERE raunt heiser: **Hier, Meester, wat Se wollen, zum Sonderanjebot. Kokain, reinste Ware, Opium, nur leicht jestreckt, englische Zigaretten. Und für den distinguierten Gentleman mit dem besonderen Jeschmack naturnahe Aufnahmen von turnenden Jungfrauen. Allet orijinal am Wannsee fotografiert und kaum retuschiert.**

Harry seufzt tief und angestrengt auf, reibt sich dann die Schläfen, als habe er Migräne.

13. Wohnung Harry
Innen / Tag

Bob als Mönch steht in dem winzigen Zimmer und füllt es fast aus – nicht nur räumlich. Harry starrt ihn an.

BOB: **Ich komm grad von der Chorprobe. War keine Zeit mehr zum Umziehen. Biberti. Robert Biberti.**

HARRY mit leiser Ironie: **Aha. Frommermann. Harry Frommermann.**

BOB nach kurzer Pause: **Ja, und wat nu? Soll ick wat vorsingen?**

HARRY indifferent: **Ja … Bitte … Das Klavier ist allerdings ziemlich verstimmt.**

BOB winkt ab: **Ich brauch keen Klavier. Also!**

Er sammelt sich einen Moment. Dann beginnt er die Arie des Sarastro aus der Zauberflöte zu singen: *Oh Isis und Osiris*. Auch ohne Begleitung klingt sein Baß sehr schön, sehr einfühlsam, ein wenig samtig. Paganini beginnt sich nach einer Zeit behaglich zu wiegen. Harry schaut mit großen Augen von Bob zum Papagei und wieder zurück. Nach einiger Zeit bricht Bob ab.

BOB: **Reicht das?**

Harry mustert ihn eine Zeitlang schweigend.

HARRY schließlich: **Schon mal was gehört von den Revellers?**

BOB starrt ihn an: **Mensch! Das ist die Idee des Jahrhunderts!**

HARRY verblüfft: **Wieso? Was denn?**

BOB: **Na, so was zu machen wie die Revellers! Nur auf deutsch! Und natürlich ganz anders! Ganz was Eigenes.** Pause. **Wie find'st'n die Idee?**

HARRY ironisch: **Genial. Wär ich nie drauf gekommen.**

Sie grinsen sich einen Moment lang an. Dann rennt Harry aufgeregt zu seinem Bett, holt die Notenblätter mit den Partituren darunter hervor und breitet sie auf dem Tisch aus.

HARRY: **Hier, ich hab schon alles ausgearbeitet, für fünf Stimmen –
ich weiß ja nicht, ob Sie Noten lesen können …**

BOB: **Lassen Se mal sehen! Ist das der Baß?**

HARRY bestätigt: **H-hm.**

BOB singt: **Bom, bom, bom, bom, bom, bom, bom, bom.**
Studiert die anderen Stimmen, murmelt interessiert: **Hm-hm, hm-hm …**

HARRY zeigt auf die Notenlinien: **Tenor, zweiter Tenor, Bariton, dann
ich selber, auch so 'ne Art Bariton, ich kann auch Instrumente
nachmachen … Und hier, na ja, wie gesagt, der Baß.**

Bob beginnt nachdenklich in dem kleinen Raum auf und ab zu gehen.
Durch ein Fenster kann man ins Treppenhaus sehen, wo einige aus der
Schlange die Hälse recken, um zu sehen, ob wohl endlich bald der
nächste dran sei.

BOB nach einer Weile: **Nu paß mal uff! Die Elendsgestalten da
draußen** er deutet auf das Fenster – **die kannste alle vergessen! Das
hier muß man professionell aufziehen.**
Er haut dem verblüfften Harry auf die Schulter.

17. Wohnung Harry
Innen / Tag

Erwin Bootz, noch leicht verknittert, sitzt an Harrys verstimmtem Klavier. Die fünf anderen stehen davor und singen einen einzigen Akkord. Laut und nicht sehr inspiriert. Bootz schließt ihn mit einem beeindruckenden Lauf ab.

HARRY: **Hm. Na ja.** Mit Seitenblick zu Bootz. **Also, auf keinen Fall sollte einer von uns versuchen, Eindruck zu schinden.**

Bootz schaut ein bißchen beleidigt. HARRY weiter: **Ich mein, jeder muß sich zurücknehmen. Jeder muß wie nebenbei zum Gesamtklang beitragen. Daß alles locker und lässig klingt.**

BOB ergänzt: **Das heißt: Nur das Ensemble ist wichtig, nicht der einzelne. Das gilt auch für dich, Bootz!**

BOOTZ zuckt die Achseln: **Ja, ja! Kann ich auch. Spiel ich eben wie auf Katzenpfoten.** Er spielt virtuos etwas wie *Ungarische Rhapsodie*, aber ganz leicht und leise, schwenkt dann eine Mappe: **Hier. Ich hab 'n paar deutsche Schlager mitgebracht.**

ROMAN verzieht das Gesicht: **Deutsche Schlager?**

ERICH neckt ihn: **Das ist nicht seriös. – Kommt aber immer noch drauf an, wie man sie singt.**

HARRY: **Na schön, Herr Bootz. Dann probieren wir doch mal einen von Ihren Schlagern!**

Der Papagei fängt an zu trällern. Bob steckt einen Finger durch die Stäbe.

BOB lächelnd: **Kann der auch sprechen, der Papageno?**

HARRY verbessert: **Paganini. Nee, der ist 'n echter Künstler. Der singt bloß.**

Bootz legt eins der Notenblätter aufs Klavier. Sie schauen hinein. Bootz beginnt mit dem Vorspiel zu *Veronika, der Lenz ist da*. Um das Notenblatt mit dem Text gruppiert, versuchen sie, das Lied zu singen. Es klingt wie ein durchschnittlicher Männergesangverein. Harry winkt ab. Sie brechen daraufhin ab.

HARRY: **Hm. Na ja. Man müßte das völlig neu arrangieren ... Singt doch mal spaßeshalber 'ne Synkope rein! Vero-nika, der-Lenz-ist – tock - da ..., die Vög'-lein sin-gen-trala – tock - la ...**

Sie versuchen es. Es klingt nicht viel besser. Vehement wird gegen die Wand gedonnert.

MÄNNERSTIMME brüllt off: **Frommermann! Wohl verrückt geworden! Ham Se jetzt 'n ganzen Jesangverein uff da Bude, oder wat?**

Die sechs ziehen die Köpfe ein. Der Papagei zieht ebenfalls den Kopf ein.

18. In/vor Musikalienhandlung
Innen/Tag

Harry und Bob stehen mit Erna am Grammophon und hören die Revellers: *Dinah*, eine langsame Nummer. Bob greift sich sofort die amüsierte Erna und macht einen Wiegeschritt mit ihr.

BOB meint den Revelers-Gesang: **Traumhaft! Locker, elegant!** Zu Harry: **Stimmt, da müssen wir auch hin. Was studier'n Sie denn eigentlich, Frollein Erna?**

ERNA lächelt: **Das Leben.**

BOB gedehnt-interessiert: **H-hm? – Und was machen Sie heut abend?**

ERNA kokett: **Da lese ich. Ein Buch. Falls Sie wissen, was das ist.**

BOB sieht ihr in die Augen: **Buch? Noch nie gehört. Ich lese immer nur in den Augen schöner Frauen.**

HARRY unangenehm berührt von dem neckischen Gefrozzel, zu Bob:
Nun laß uns mal gehen! Wir müssen proben. Komm, komm!
Lächelt Erna verlegen zu: **Wiedersehn, Fräulein Erna.**

BOB kaum sind sie draußen: **Nett ist die! Und Witz hat sie auch.** Nach
einer Weile, da Harry nichts sagt: **Find'st du nicht?**

HARRY reserviert: **Doch, doch.**

20. »Chez Ramona«
Innen / Tag

Plüsch, obszöne Zeichnungen, Rotlicht, etc. Und ein Klavier! Bootz
spricht mit RAMONA, der vollbusigen Puffmutter. Sie ist im Morgenrock
und unfrisiert. Die anderen fünf hören teils zu, schauen sich teils neu-
gierig um.

RAMONA mürrisch zu Bootz: **Was? Und auch noch kostenlos? Und
dafür holste mich so früh aus 'm Bett?**

BOOTZ: **Ist immerhin schon Nachmittag. Ramona, nun sei doch
nicht so! Ich spiel dann auch mal umsonst Klavier hier.**

RAMONA bedenklich: **Also Erwin, mein Süßer, du weißt, ich hab 'n großes Herz für Künstler …**

BOOTZ legt die Hand auf ihre Brust: **Na, dann gib ihm mal 'n kleinen Ruck, deinem großen Herzen!**

Sie überlegt lange, schaut sich alle jungen Künstler der Reihe nach an. Ari lächelt ihr süßlich zu und starrt ihr auf den üppigen Busen. Sie verdreht die Augen.

RAMONA seufzt schließlich lange und etwas gequält, dann: **Aber nicht zur Stoßzeit! Nur vormittags.**

BOOTZ entsetzt: **Vormittags?**

RAMONA: **Ja, oder ganz spät. So ab drei Uhr nachts.**

HARRY: **Nicht oder. Und.**

ERICH stöhnt: **Das wird ja schlimmer als Schichtarbeit!**

Ramona holt einen Schlüssel aus ihrem Ausschnitt, gibt ihn Bootz.

RAMONA: **Aber eins müßt ihr mir versprechen. Wenn ihr mal berühmt seid, gebt ihr hier ein Gratiskonzert.**

HARRY sofort: **Ist versprochen.**

Ein HURE, noch nicht in Berufskluft, kommt gähnend herein.

HURE: **Morgen.**

Sie geht nach hinten. Ari will ihr sofort nach.

BOB hält ihn fest: **Du bleibst hier!** Zu allen: **Also, daß eins klar ist: Hier wird gearbeitet, und sonst nichts!**

RAMONA trocken: **Das sag ich den Mädchen auch immer.**

26. Kleine Bühne
Innen / Tag

Ein winziger Raum mit Bühne und Klavier, an dem Bootz sitzt und sich mit ein paar Läufen einspielt. Die anderen stellen sich in Positur. Sie sind sichtlich nervös.

Bruno Levy, wieder mit kaltem Zigarrenstummel im Mund, sitzt auf einem Stuhl. Er trägt einen Hut und klatscht laut in die Hände.

LEVY ruft: **So! Denn mal los! Ich hab nich 'n ganzen Tag Zeit.** Schaut auf die Uhr.

Die fünf tuscheln kurz miteinander. Dann beginnen sie mit Duke Ellingtons Nummer *Creole Love Call*. Etwas langsamer als auf der Originalplatte. Schon dadurch klingt das Stück nicht mehr bluesig, sondern so tranig, daß ein unaufmerksamer Zuhörer die Feinheiten des Gesangs gar nicht mehr mitbekommt. Außerdem fehlt noch der Witz der Originalfassung: die Imitation der Instrumente etc.

Levy schiebt sich den Hut ins Genick und hört sich das nur ein kurzes Weilchen an. Dann springt er auf, nimmt den Zigarrenstummel aus dem Mund und pfeift laut auf zwei Fingern. Sie brechen ab.

LEVY: **Also Kinder, nee! Det is wohl mehr wat für 'n Beerdigungs-institut!** Geht kopfschüttelnd zur Tür – und bleibt kurz vorm Ausgang noch mal stehen, sich Harry zuwendend.
LEVY halb tadelnd, halb mitleidig: **Herr Frommermann, Herr From-mermann!**

Dann ist er draußen. Eine lange Weile herrscht Totenstille. Harry schaut von einem zum anderen – und zuletzt zu Bob. Dann knallt Bootz den Klavierdeckel zu, daß es im Raum widerhallt.

BOB nach einer Pause tief deprimiert: **So, Herrschaften, jetzt wissen wir's. Beerdigungsinstitut. Vernichtender geht's ja wohl nicht. Schluß, aus, dein treuer Vater!**

Er geht schweigend hinaus und knallt die Tür hinter sich zu.

Otto Sander als Konzertagent Bruno Levy

28. Kneipe
Innen / Tag

Die BEDIENUNG stellt bereits die ersten Stühle auf die Tische. Der WIRT an der Theke macht schon die Abrechnung.

Auch Ari sitzt jetzt am Tisch bei den anderen dreien. In den Biergläsern nur noch ein schaler Rest. Sie haben jetzt auch noch Schnäpse vor sich.

ELEGISCHES TRAUERGEKLIMPER von Bootz am Klavier.

ARI kippt seinen Schnaps: **Harry. Muß ich dir sagen, daß ... ist nicht richtig, was Bootz und Biberti sagen. Deine Arrangements sind gut. Nur wir, wir sind schlecht!**

HARRY mit schwerer Zunge: **Nein, Ari, du bist nicht schlecht, ich bin nicht schlecht,** zu Erich und Roman: **ihr seid nicht schlecht, keiner ist schlecht, aber ... ich glaub, mir wird gleich schlecht!**

Er erhebt sich mit seinem Bierglas und geht unsicher zum Klavier. Die anderen folgen ihm kurz darauf.

HARRY mit schwerer Zunge: **Hey, Bootz. Was spielst 'n da?**

Bootz bricht ab. Er hat ein Bier- und ein Schnapsglas auf dem Klavier stehen.

BOOTZ auch nicht mehr nüchtern: **Zur Beerdigung gehört 'ne anständige Trauermusik.** Sieht Harry an: **War mein Fehler. Ich hab etwas zu langsam angefangen. So muß es gehen.**

Er intoniert Duke Ellingtons *Creole Love Call*. Nach zwei, drei Takten beginnen die vier aus einem echten Gefühl der Melancholie heraus, mitzusingen – und das (neugesungene und -gespielte) Intro geht in die Originalaufnahme der »Comedian Harmonists« über.

Plötzlich klingt die Nummer gut, witzig, interessant, originell. Und vor allem hat sie das gewisse Etwas: den ganz eigenen, ganz neuen »Sound«. Der Wirt erstarrt im Gläserspülen und hört zu. Die Bedienung ebenso.

Harry ahmt herrlich die Instrumente nach. Die fünf gewinnen mehr und mehr Spaß an dem Vortrag, weil sie beim Singen merken, daß es auf wundersame Weise plötzlich »stimmt«. Vielleicht, weil zum erstenmal die Musik ganz und gar Ausdruck ihrer Gefühle ist.

Und beim ersten Baßeinsatz ist plötzlich – wie aus dem Nichts – Bob da, der tief und komisch eine Posaune imitiert. Dabei hat er beide Arme um die freudig überraschten Roman und Harry gelegt. Harry »antwortet«, indem er eine »lachende Trompete« imitiert. Danach singt Bob wunderbar locker das Baßstakkato.

Unversehens sind die sechs eine Einheit, kommunizieren beim Singen, legen ihre ganze Seele hinein.

Als sie zu Ende sind, strahlen sich die sechs an. Es ist ein magischer, überwältigender Moment des unverhofften Erfolgs. Und der Ahnung, daß Freundschaft zwischen ihnen möglich ist.

HARRY: **So. Und jetzt fangen wir erst richtig an!** Pause. **Mit den Proben.**

BOB grinst: **Du hast gewonnen. Noch einen Monat! Nicht mehr und nicht weniger.**

Er hält ihm die Hand hin. Harry schlägt ein. Und einer nach dem anderen legt die Hand auf ihre beiden Hände – als letzter Bootz, der vom Klavier gekommen ist.

Die Kamera endet groß auf den sechs Händen.

32. Garderobe Schauspielhaus
Innen / Tag

Glücklich umarmen sich die sechs – Ari macht sogar kleine Luftsprünge – und rufen dabei freudig durcheinander:

ALLE DURCHEINANDER: **Mensch, laß dich drücken, du Spund!** BOB zu Harry: **Fünf Vorhänge! – Habt ihr gesehen? Die Mädchen! – Und Leila!** ARI: **Kinder, wir ham's geschafft! – Ich hab's gewußt, ich hab's gewußt, ich hab's gewußt!** HARRY: **Der Klang, das Tempo, alles hat gestimmt!** – usw.

Die reine Freude nach der langen Durststrecke!

Währenddessen kommt Erna in die Garderobe. Sie geht auf Harry und Bob zu, die sie groß ansehen. Dann gibt sie beiden einen Kuß auf die Wange: erst Harry und anschließend Bob. Beide strahlen.

In diesem Moment betritt auch Charell den Raum.
CHARELL mit breitem Lächeln: **Für den Anfang schon mal ganz gut! Ihr kriegt einen Vertrag für die nächsten sieben Abende. Sechzig Mark pro Auftritt. Na, was sagt ihr dazu?**

Harry, Roman, Erich, Harry und Bootz lächeln beglückt. Aber nach einer kurzen Pause ergreift zu ihrer Verblüffung Bob das Wort:

BOB: **Wir sagen nein. Wir wollen hundertzwanzig Mark.**

CHARELL: **Na, hör'n Se mal, Junge, Ihnen ham Se wohl ins Hirn jeschissen, Sie, Sie …**

BOB: **Biberti. Robert Biberti. Ich führe die geschäftlichen Angele-
genheiten des Ensembles.**

Bob wirft den anderen fünf einen auffordernd-fragenden Blick zu. Die
sehen sich irritiert an. Ari zuckt die Achseln. Roman nickt Harry zu, Bootz
scheint unentschieden, Erich nickt Harry ebenfalls entschlossen zu.

HARRY schließlich: **Ja. Es stimmt. Herr Biberti vertritt unsere In-
teressen.**

CHARELL: **Dann vertritt er sie schlecht. Hundertzwanzig sind
utopisch.**

BOB: **Wie Sie wollen. Haben Sie irgendwo Telefon?**

CHARELL: **Draußen.**

Bob setzt sich in Bewegung.

CHARELL nun doch nervös: **Wen wollen Sie denn anrufen?**

BOB bleibt noch mal stehen: **Die Haller-Revue. Die woll'n uns für die gesamte Spielzeit. Für hundertzehn. Sag ich denen eben zu.**

Er will endgültig hinausgehen. Charell ruft ihn im letzten Moment zurück.

CHARELL: **Nun bleiben Sie schon hier, Sie Schnösel! Das ist doch Bluff! Unter welchem Namen wollt ihr denn wohl überhaupt auftreten bei Haller? – Na?** Grinst: **Ich wette, ihr habt noch gar keinen.**

BOB nach kurzer Bedenkpause: **Aber sicher. Die Melody Makers.**
Die anderen sehen ihn erstaunt an.

CHARELL: **Melody Makers? Das ist nicht gut.** Beginnt auf und ab zu gehen: **Ihr seid Komiker. Harmonische Komiker. Genau. Komiker, harmonisch. Und es muß international klingen.** Bleibt stehen: **Comedian Harmonists! Das ist gut.**

35. Schallplattenstudio

Innen/Tag

Bootz, Erich, Ari, Roman und Bob stehen beisammen, während TECH-NIKER Vorbereitungen für eine Aufnahme treffen.

BOOTZ malt sich aus: **Hamburg, Köln, Paris, Madrid!**

ROMAN ebenso schwärmerisch: **New York, Chicago, Toronto!**

ARI voller Sehnsucht: **Kremikowski ...**

ERICH: **Wat für 'n Ding?**

ARI: **Kremikowski.**

BOB: **Nie gehört. Gibt's da überhaupt 'n Konzertsaal?**

ARI: **Ist bei Sofia. Hab ich Cousin in Kremikowski. Wird er neidisch sein.**

Bob schaut die ganze Zeit ein wenig unruhig in ein Eck. Dort steht Harry mit Erna sehr dicht beisammen.

HARRY leise: **Und ich dachte, du … ich dachte, Sie …** seufzt: **Ach, Veronika! Ich meine, Erna!**

ERNA: **Was dachten Sie – äh, du? Daß ich mit Hans was hab? So ein Unsinn!**

LAUTSPRECHERSTIMME: **Aufnahme bitte.**

Harry kann sich kaum trennen und fällt halb über ein Kabel, während er zu den anderen geht.
Auf ein Zeichen beginnen sie mit dem Song *Irgendwo auf der Welt*.

Erna schleicht sich an eine Stelle, wo sie alle sechs sehen kann. Und es ist, als singe Harry nur für sie: *»Irgendwo auf der Welt gibt's ein kleines bißchen Glück / Und ich träum davon in jedem Augenblick.«* Und später: *»Wenn ich wüßt, wo das ist / Ging ich in die Welt hinein / Denn ich möcht einmal recht / So von Herzen glücklich sein …«*

Ab einem gewissen Zeitpunkt abwechselnd groß auf Harry und Erna, die begreift, daß das Lied genau seine Gefühle ihr gegenüber ausdrückt. Sie erwidert seine intensiven Blicke.

51. Koscheres Jüdisches Lokal Prag
Innen / Tag

Fröhliche Klezmer-Musik: KLARINETTIST und andere Musiker.

Im Lokal wird wild und ausgelassen das Hochzeitsfest gefeiert. Alle tanzen und klatschen. Mittendrin die Comedian Harmonists, die mittanzen und -singen. Roman kommt mit einem Tablett voller gefüllter Schnapsgläser vorbei, geht damit zu den Musikern. Die nehmen einer nach dem anderen, ihr Spiel jeweils nur ganz kurz unterbrechend, je ein Glas und kippen es.

ROMAN ruft dem Klarinettisten, der weiterspielt, zu: **Danke, Jakob. Das werde ich dir nie vergessen.**

Jakob bläst ihm lächelnd ein kleines Klarinettensolo ins Ohr. Bob, der wild und komödiantisch mit Erna tanzt, nimmt beim Tanzen ein Glas von Romans Tablett herunter und trinkt.

BOB: **Kolossales Fest, Roman! Geht das immer so zu bei euch Juden?**

ROMAN ruft übermütig: **Immer. Und Wodka ist sowieso koscher!**

Bob, der schon im Wegtanzen war, kommt noch mal, nimmt einen weiteren Wodka.

BOB: **Na, dann!**

Er kippt ihn, tanzt mit Erna weiter. Ein wenig abseits, nah dem Eingang, steht Harry mit Romans Vater beisammen.

HARRY: **Sagt der Grün zum Cohn: »Der Goebbels schaut aus wie Apoll!« – »Wie Apoll? Bist du wahnsinnig?« – »Laß mich doch ausreden! Wie a polnischer Jud, wollt ich sagen."**

Romans Vater lacht. Da kommt Bob mit Erna vorbeigetanzt.

BOB ruft: **Na komm, du Spund!**

Er schnappt Harry am Arm und zieht ihn mit. Die Stimmung ist auf dem Siedepunkt. Die Musiker spielen noch schwungvoller und inspirierter, die Gäste singen und tanzen, einige auf den Tischen.

Bob legt die Arme um Harry und Erna. Sie tun es ihm nach.

Alle drei bilden einen Kreis, haben die Arme um ihre Schultern gelegt und tanzen immer schneller im Kreis herum. Lachend, ihre Jugend und in diesem Moment tatsächlich auch ihre Freundschaft genießend!

Sie tanzen im Kreis, bis ihnen schwindelig ist. Und dieser Taumel kann sich durch die Kamerabewegung ruhig ein wenig auf den Zuschauer übertragen.

Katja Riemann als Mary Cycowski

55. Boxveranstaltung/Ring
und Zuschauerränge

Innen/Tag

Der Hexenkessel einer Boxhalle, während ein Kampf in vollem Gange ist. Der Saal dampft – nicht zuletzt wegen des Zigarettenqualms. Jede Aktion der beiden Kämpfer im Ring wird mit Gebrüll und einzelnen Schreien begleitet.

Auf einer Zuschauerbank, etwas erhöht, Bob. Neben ihm Erna. Bob ist voll dabei, springt gelegentlich auf, schlägt die Fäuste in die Luft, duckt sich instinktiv, wenn sein Mann angegriffen wird. Erna beobachtet ihn amüsiert von der Seite.

BOB brüllt: **Mensch, laß die Fäuste nicht so hangen! Paß auf seine Linke auf! – Peng, siehste! – Mensch, nicht so lahm! Attacke! –** Springt plötzlich auf: **Jaaa! Nachsetzen! Links-rechts!**

Bob springt mit anderen Zuschauern auf, zieht die lachende Erna mit hoch, umarmt sie, ohne es recht zu bemerken.
Der Gong ertönt. Schweißgebadet läßt Bob sich auf die Bank zurückfallen, als habe er gerade selber die Runde absolviert. Der Lärmpegel sinkt ein wenig. Bob wendet sich nach einer Weile Erna zu.

BOB: **Gefällt' dir?**

Erna wiegt etwas unschlüssig den Kopf. Dann ERNA: **Vor allem du gefällst mir.**

Er lächelt ihr hoffnungsvoll zu. ERNA bemerkt mit Verzögerung, daß ihre Worte mißverständlich wirken könnten, und präzisiert: **Ich meine, wie du so mitgehst.**

BOB: **Was sagste denn nun zu meinem Angebot? Die Wohnung ist wirklich groß genug.**

ERNA nach einer Pause: **Also ein großes Zimmer zum Arbeiten, das wär schon sehr verlockend. Aber ich weiß nicht. Ich müßte vielleicht doch erst mit Harry …**

BOB schnell: **Es würde dich zu nichts verpflichten. Du kannst jederzeit wieder ausziehen. Mensch, bei mir könntest du dich doch in Ruhe auf dein Examen vorbereiten!**

ERNA nach einer Pause: **Weißt du, Harry hat wirklich nur die Musik im Kopf.**

BOB: **Das haben wir doch alle. Das muß auch so sein!** Nach einer Pause: **Vorhin, als ich zu ihm gesagt hab, ich treff mich mit 'ner Frau, hat er gefragt, ob's was Ernstes ist. Ich hab geantwortet: vielleicht.**

Erna droht ihm scherzhaft mit dem Finger. Gong. Die nächste Runde beginnt. Der Lärmpegel steigt wieder. Bob geht wieder mit. Schon nach kurzer Zeit aber wendet er sich wieder Erna zu.
BOB: **Was mich betrifft, ist es auf jeden Fall was Ernstes! War's schon, als ich dich das erste Mal gesehen hab, im Laden.** Feierlich: **Erna, du bist die erste** ... sucht einen Moment nach Worten.

ERNA lacht: **Die Erste! So siehst du aus!**

BOB lächelnd: **Laß mich doch mal ausreden! Ich wollte sagen: Du bist die erste Frau, die ich mit zum Boxkampf nehme.**
Und das ist womöglich eine noch größere Liebeserklärung, wenn auch in nicht ganz ernstem Ton vorgebracht.

ERNA: **Wirklich?**

Er nickt.

ERNA lächelt: **Danke, Bob. Das weiß ich zu schätzen.**

Sie gibt ihm einen Kuß auf die Wange. Da nimmt er ihren Kopf in beide Hände und schaut ihr tief in die Augen. Dann küßt er sie. Und sie läßt sich küssen. Danach schaut sie ihn etwas erschrocken an. Und sichtlich verwirrt. Die Menge brüllt und springt auf. Einer der beiden Kämpfer geht zu Boden. Der Ringrichter zählt ihn aus.
Bob scheint der Kampf in diesem entscheidendsten Augenblick überhaupt nicht mehr zu interessieren.

Er schaut Erna tief und ernst in die Augen. Und die erwidert den Blick.

61. Vor / in Musikalienhandlung
Außen / Innen / Tag

Bob und Harry nähern sich dem Laden, vor dem sich ein paar GAFFER versammelt haben. Schon von weitem hört man Scheibengeklirr.

Ein SA-STURMTRUPP, darunter die beiden, die Harry und Bob überholt haben, schlägt den Laden zusammen. Die Scheiben sind bereits zu Bruch gegangen, jetzt wird die Inneneinrichtung demoliert.

ZWEI SA-LEUTE halten Erna fest, die sich verzweifelt wehrt. Der alte Grünbaum hat den Arm um seine Frau gelegt, und beide sehen sich starr vor Schreck das Schauspiel an.

Erna sieht, wie Harry und Bob sich entsetzt dem Laden nähern.

ERNA schreit: **Harry! Bob! Tut doch was!**

Bob springt sofort durch die kaputte Scheibe in den Laden und schlägt einen SA-Mann nieder. Drei andere stürzen sich auf ihn.

Harry will es Bob nachtun. Da tritt ihm ein SA-Mann mit gezücktem Fahrtenmesser entgegen, das er mit der Spitze direkt gegen seinen Bauch richtet. Es ist Hans. Wie erstarrt bleibt Harry stehen.

Bob wird brutal zusammengeschlagen, -geknüppelt und -getreten. Harry ist sichtlich verzweifelt – auch darüber, daß er nicht eingreifen kann.

Hans pfeift auf einer Trillerpfeife – und der Spuk ist zu Ende.

Seine Männer versammeln sich um ihn. Hans steckt sein Messer ein und geht auf Erna zu. Steht dicht vor ihr.

HANS leise: **Ich habe dich gewarnt.**

Erna spuckt ihm ins Gesicht. Darauf schlägt er ihr mit dem Handrücken ins Gesicht. Harry läuft empört zu Hilfe. Aber Hans hat bereits blitz-schnell seinen Männern einen Wink gegeben – und alle entfernen sich im Laufschritt.

Grünbaum hat seine weinende Frau im Arm. Er entdeckt plötzlich DREI POLIZISTEN IN UNIFORM, die irgendwann dazugekommen sind und sich das Ganze ansehen, ohne einen Finger zu rühren.

Erna sieht Harry ernst an. Eine Blutspur rinnt ihr vom Mundwinkel herab. Dann läuft sie in den Laden, zu Bob, der zwischen Scherben auf dem Fußboden liegt.

ERNA kniet sich vor ihn: **Bob, um Gottes willen!** Rüttelt ihn.

Bob ist schwer lädiert. Ein Auge ist zugeschwollen, er blutet. Aber er lächelt sie an.

BOB: **Keene Angst, Unkraut vergeht nicht.** Angesichts der Blutspur, die von ihrem Mundwinkel rinnt: **Na, wie 'ne Werbung für Ge-sichtskosmetik siehst du ja auch nicht grade aus!**

Sie erwidert traurig sein Lächeln. Mühsam rappelt er sich auf. Erna hilft ihm hoch.

BOB stöhnt: **Au, mein Arm!**

ERNA zu Bob: **Komm! Stütz dich auf mich!**

So kommen sie mühsam aus dem Laden. Währenddessen geht der alte Grünbaum auf die drei Polizisten zu.

GRÜNBAUM empört zu den Polizisten: **Ja, haben Sie nicht gesehen, was hier passiert ist? Warum tun Sie nichts?**

POLIZIST 1: **Was woll'n Se denn! Sie sind doch bestimmt versichert!** Reibt Daumen und Zeigefinger aneinander: **Ihr wißt doch alle, wie ihr zu noch mehr Geld kommt!**

Der Polizist ist sehr jung. Grünbaum mustert ihn fassungslos.

GRÜNBAUM leise: **Sie sollten sich schämen!**

POLIZIST 1 scharf: **Wie war das?** Zu seinem Kollegen: **Was hat er gesagt?**

POLIZIST 2: **Komm, laß ihn doch, lohnt sich nicht!** Leise und scharf zu Grünbaum: **Verschwinde, Saujud!**

Grünbaum starrt ihn an. Dann geht er, jetzt wirklich erschüttert, zu seiner entsetzten Frau zurück, bleibt zwischendurch stehen, als werde ihm schwindelig. Frau Grünbaum nimmt ihn am Arm.

Bob – humpelnd – und Erna gehen an Harry vorbei. Der läuft ihnen nach.

HARRY: **Wo wollt ihr denn hin?**

Erna bleibt noch einmal stehen, wendet sich ihm zu. ERNA: **Zu Bob. Ich wohn doch jetzt bei ihm.**

Harry starrt sie fassungslos an. ERNA, unangenehm berührt, zu Bob: **Hast du's ihm denn nicht gesagt?**

Bob schweigt. Erna sieht Harry etwas bedrückt an. Der sieht von Bob zu Erna und wieder zurück zu Bob.
Schließlich stöhnt Bob auf und taumelt, als werde ihm schwindelig.

ERNA leise zu Bob: **Komm! Ich bring dich nach Hause.**

Sie lächelt Harry noch einmal kurz zu, halb verlegen, halb entschuldigend, und setzt sich zögernd mit Bob in Bewegung. Harry sieht ihnen fassungslos nach. Nach ein paar Schritten macht Bob halt und sich von Erna los. Mühsam geht er allein zu Harry zurück und bleibt dicht vor ihm stehen.

BOB leise: **Harry, ich liebe Erna.** Dann geht er zu Erna zurück und humpelt mit ihr davon.

Harry sieht ihnen wie erstarrt nach. Frau Grünbaum kommt zu ihm, ihren Mann am Arm, für den sichtlich eine Welt zusammengebrochen ist. Sie beginnt zu weinen.

FRAU GRÜNBAUM schluchzend: **Oh, Herr Frommermann! Ist das nicht alles ganz furchtbar?**

HARRY tonlos, den Blick nur auf Bob und Erna gerichtet: **Ja. Das ist alles ganz furchtbar.**

64. Theater Nürnberg
Innen / Nacht

Die Comedian Harmonists stehen in weißen Anzügen auf der Bühne und singen *Der Onkel Bumba aus Kalumba*. Komödiantisch und nach außen hin bester Laune.

Mitten in den Vortrag ertönt plötzlich eine Trillerpfeife, und ein Sprechchor setzt ein. JUNGE SA-MÄNNER auf dem Rang sind es, die den Vortrag stören.

CHOR SA-LEUTE: **Juden raus, Juden raus …!**

Die Comedian Harmonists brechen ab. Unruhe und Gegenprotest im Saal. Die Störer brüllen weiter.

Die ganze erste Reihe ist mit der uniformierten SA- und SS-Elite besetzt. Einige von ihnen drehen sich unmutig nach den Störern um. Einer (JULIUS STREICHER, neben dem sein Adjutant, Staffelführer KÖNIG, sitzt) steht auf und legt den Zeigefinger auf den Mund. Schlagartig verstummen die Störer.

STREICHER nach vorn zur Bühne: **Bitte, meine Herren! Machen Sie weiter!**

Und er setzt sich wieder. Die Comedian Harmonists machen an der Stelle weiter, wo sie abgebrochen haben, mit den Zeilen: »*Die Politik ist ganz vergessen in Kalumba, man ist vom Rumba ganz besessen in Kalumba …*«

Die Herren in der ersten Reihe lächeln amüsiert. Einer swingt sogar ein bißchen mit.

67. Villa Streicher / Vestibül

Innen / Nacht

Die Comedian Harmonists in ihren weißen Anzügen stehen im riesigen Empfangsraum beisammen, nehmen Cognacs von einem Tablett, das ein DIENER ihnen hinhält. Auf Sesseln, Couches und Stühlen sitzen ein DUTZEND SA- und SS-MÄNNER sowie einige ZIVILISTEN. Keine Frau.

STREICHER kommt in Uniform in den Raum und geht auf sie zu. An seinem Koppel hängt eine Reitpeitsche.

STREICHER: **Ich freue mich außerordentlich, meine Herren. Ich bin ein großer Verehrer Ihrer Kunst.**

Er deutet auf den Steinway-Flügel. STREICHER weiter: **Ich weiß, der Auftritt war strapaziös. Umso mehr wüßte ich es zu schätzen, wenn Sie mir einen ganz persönlichen Wunsch erfüllen würden.** Bettelt wie ein Kind: **Nur ein Lied!**

Auffordernder Beifall der Versammelten. Die sechs verständigen sich kurz mit Blicken. Bootz setzt sich ans Klavier, spielt einen Akkord.

STREICHER: **Moment noch. Darf ich mir ein deutsches Volkslied wünschen?** *»In einem kühlen Grunde«?* **Das liebe ich ganz besonders.**

Harry erstarrt – und die anderen sehen ihn besorgt an, als wüßten sie, was gerade dieses Lied für ihn bedeutet. Zumindest Bob weiß es ganz genau.

Nach einer Schrecksekunde beginnt Bootz die Introduktion zu spielen. Und sie fangen an zu singen. Man sieht ihnen an, daß es eine Qual ist. Um so süßer klingt ihr Gesang. Harry ist dabei starr vor Ekel. Privater und politischer Ekel fallen hier wirklich zusammen.

Nach der ersten Strophe gerät er leicht ins Taumeln. Er löst sich von den anderen. Sie brechen ab.

HARRY murmelt: **Entschuldigung. Mir ist etwas … Wo ist denn hier …?**

Erstaunt gibt Streicher Staffelführer König einen Wink. Der geleitet Harry hinaus. Das Schweigen im Raum droht unerträglich zu werden. Streicher mustert die fünf verbliebenen Comedian Harmonists, die sich mehr als unbehaglich fühlen.

STREICHER schließlich: **Ihrem Kollegen scheint nicht gut zu sein. Sie können das Lied doch sicher auch zu fünft weiter zum Vortrag bringen.**

BOB murmelt: **Doch. Sicher können wir das, aber …**

Ari reagiert als erster. Er tritt aus der Formation. ARI bestimmt zu Streicher: **Zuerst ich muß sehen nach meine Freund!**

Er geht in dieselbe Richtung wie Harry. Streicher sieht stirnrunzelnd von Ari zur Gruppe und wieder zurück.

Als Ari schon am Ende des Raums ist, kommt Harry ihm entgegen. ARI leise zu Harry: **Ist in Ordnung?**

HARRY leise: **Danke, Ari. Geht schon.**

Alle Versammelten beobachten schweigend den langen Gang der beiden zu den anderen zurück – wobei Ari eine Hand um Harrys Schulter gelegt hat, ihn auf diese Weise freundschaftlich zurückgeleitet.

HARRY dann zu den Kollegen: **Es tut mir leid. Ich – ich kann das nicht. Ich …**

BOB hilft ihm: **Herr Gauleiter, es ist so: Wir haben das Lied zwar auf Platte aufgenommen, aber noch nie öffentlich vorgetragen. Wir sind nicht mehr textsicher. Wir würden es vorziehen, etwas anderes …**

STREICHER unterbricht: **Na, wenn's nur das ist! Eichendorffs Werke werden sich hier doch noch irgendwo auftreiben lassen. Vielleicht krieg ich das Gedicht sogar noch zusammen. Woll'n doch mal sehen! Wie geht die zweite Strophe?** *»Sie hat mir Treu versprochen, gab mir ein' Ring dabei, sie hat die Treu gebrochen …«*

BOB unterbricht, entschieden: **Wir wären Ihnen wirklich dankbar, wenn es nicht gerade dieses Lied sein muß!**

Harry wirft Bob einen kurzen, dankbaren Blick zu.

Streicher starrt ihn ausdruckslos an. Gemurmel im Saal. Streichers Blick wandert von Bob zu Harry und wieder zurück.

STREICHER dann gefährlich leise: **Schade.** Pause. **Sehr schade.**

Er zieht seine Reitpeitsche und läßt sie in seine offene Hand knallen. Dann verbeugt er sich knapp – und geht schnell davon.

Staffelführer Menzdorf macht eine Kopfbewegung zu den Comedian Harmonists, die zum Ausdruck bringt, sie könnten gehen.

Sie gehen hinaus, düster begafft von den Umsitzenden.

72. New York / Hafen / Flugzeugträger und weitere Bilder

Außen / Tag

Die ganze Stimmung dieser Bilder ist: Sie sind plötzlich raus aus dem deutschen Mief – im Reich der Freiheit!
Wir sehen Stadtbilder, aus der Perspektive der Comedian Harmonists, die davor stehen. Dazu hören wir den bekannten amerikanischen Navy-Marsch.

Hafen von New York. Ein riesiger Flugzeugträger. Wir sehen nun auch die MILITÄRKAPELLE, die den Marsch spielt.

Und wir sehen die Comedian Harmonists nervös auf einer kleinen Bühne stehen, die auf dem Flugzeugträger aufgebaut wurde. Bootz am Klavier. Vor einem Mikrofon steht ein ANSAGER.

ANSAGER auf englisch, teils off: **Wir melden uns von der Saratoga. Ladies and gentlemen, dies ist ein großer Tag für die amerikanische Navy. Die gesamte Pacific- und Atlanticflotte liegt heute vereint auf dem Hudson-River, und zwar in einer Ausdehnung von über 40 Kilometern. Und alle unsere Kriegsschiffe haben Radioverbindung untereinander.**

Marine-Soldaten treten in Reihen als Publikum an. Wir sehen die Kommandobrücke mit Kapitän und Offizieren. Wir sehen Gänge, auf denen Matrosen herbeieilen. Wir sehen groß die Lautsprecher auf dem Schiff.

ANSAGER endet: **Ladies and gentlemen, und jetzt: die Comedian Harmonists.**

Bootz gibt den Einsatz. Und sie singen auf englisch: »*Wochenend und Sonnenschein.*«

Während des in voller Länge gespielten Songs sehen wir vor allem die Gruppe beim Vortrag. Und wir sehen:
Das Publikum. Irgendwann beginnt ein Matrose mit dem Fuß zu wippen. Seine Kameraden schließen sich an, so daß eine ganze Reihe im Swingrhythmus mit dem Fuß wippt.

Wir sehen weiter draußen auf dem Fluß Feuerschiffe.

Wir sehen einen Piloten aus einem Flugzeug steigen und animiert zuhören.

Wir sehen einen NBC-Techniker, jetzt wieder in der Radio City Hall, beim Einpegeln.

Wir sehen den Maschinenraum, wo ebenfalls ein Lautsprecher angebracht ist und ölverschmierte Arbeiter mitschnipsen und wippen.

Wir sehen den Koch in der Kombüse, der im Takt den Kochlöffel schwingt.

Wir sehen einen Matrosen im Takt einen Kaugummi kauen. Als er bemerkt, daß ihn ein unmittelbar neben ihm stehender Admiral streng mustert, schluckt er ihn hinunter.

Wir sehen die Offiziere auf der Kommandobrücke, die ebenfalls voll mitswingen.

Wir sehen in den einzelnen Kajüten MARINES, die Kopfhörer tragen und im Rhythmus des Songs mit den Fingern schnipsen bzw. mitwippen. Die Comedian Harmonists beenden den Song.

Einen Moment herrscht Stille. Sie schauen sich unsicher an.

Dann bricht ein unglaublicher Beifall los. Jubel, Hochrufe – und, gewissermaßen als Krönung, ein enormes Schiffs- und Sirenengehupe.

Die sechs verbeugen sich und strahlen.

80. Konzertsaal München
Innen / Nacht

Auf der Bühne Bootz am Flügel, die fünf anderen daneben. Alle wieder in Fräcken. Vor einem Mikrofon steht der Parteigenosse. Er hat jetzt einen Zettel in der Hand.

PARTEIGENOSSE liest vom Blatt ab: »**Meine sehr verehrten Damen und Herren! Es ist nur einer einmaligen Ausnahmegenehmigung des Münchner Gauleiters zu verdanken, daß Sie dieses Konzert der Comedian Harmonists erleben können. In unserer deutschen Heimat …**«

Harry tritt hinzu und nimmt dem vollkommen überraschten Parteigenossen den Zettel aus der Hand. Auch die übrigen Comedian Harmonists sind überrascht.

HARRY liest selbst weiter: »**In unserer deutschen Heimat wird dieses Vokalensemble heute unwiderruflich zum letzten Mal auftreten, jedenfalls in dieser Zusammensetzung. Es ist vielleicht noch nicht allgemein bekannt, daß die Gruppe zur Hälfte aus jüdischen Sängern besteht. Wer das Konzert aufgrund dieser Information verlassen will, bekommt an der Kasse sein Geld zurück. Die übrigen Einnahmen gehen an das Winterhilfswerk. Vielen Dank. Heil Hitler.**«

Harry läßt das Blatt sinken, das ihm der wütende Parteigenosse wieder aus der Hand reißt, und sein Blick schweift über das Publikum, das keinen Muckser, nicht einmal ein Hüsteln von sich gibt, als stehe es unter Schock. Dann stehen zwei, drei Leute auf und gehen. Sie ernten vereinzelte Pfiffe – wie jetzt überhaupt Buhrufe und Pfiffe einsetzen, die sich lawinenartig verstärken.

HARRY zur Ruhe mahnend: **Bitte, meine Damen und Herren! Bitte!** Damit bringt er das Publikum schnell wieder zum Verstummen.

HARRY weiter ins Mikrofon: **Das bedeutet, daß wir, wir Juden, uns heute verabschieden müssen. Von Ihnen allen – und von Deutschland.**

Wieder Totenstille im Publikum. HARRY weiter: **Dazu fallen mir nur ein paar Zeilen eines Liedes ein, eines von vielen Liedern, die wir in all den Jahren gesungen haben; übrigens aus nur einem einzigen Grund: Um Ihnen, unserem Publikum, ein bißchen Freude zu machen. Es sind keine bedeutenden Zeilen. Und doch gibt es zumindest zwei Menschen in diesem Saal, denen sie einmal etwas bedeutet haben. Und diese Zeilen lauten: »Irgendwo auf der Welt / Gibt's ein kleines bißchen Glück / Und ich träum davon in jedem Augenblick. / Irgendwo auf der Welt / Gibt's ein bißchen Seligkeit / Und ich träum davon schon lange, lange Zeit.«**

Wir sehen Erna groß, die fast wie ein erschrockenes Kind beide Hände vor ihren Mund nimmt. Und wir sehen Harry groß, der nur sie anzusehen scheint, während er weiterzitiert, in sachlichem Ton, auf keinen Fall das Gefühl durch sentimentalen Tonfall entwertend: **»Wenn ich wüßt / Wo das ist / Ging ich in die Welt hinein / Denn ich möcht / Einmal recht / So von Herzen glücklich sein.«**

Schweigen im Publikum. Erna groß. Sie ist bestürzt. Und sehr berührt.

Harry nickt Bootz zu. Der gibt den Einsatz, und sie singen: *Auf Wiederseh'n, my Dear* mit dem Text: *»Gib mir den letzten Abschiedskuß / Weil ich dich heut verlassen muß / Und sage mir auf Wiederseh'n / Auf Wiederseh'n, leb wohl / Wir haben uns so heiß geliebt / Und unser Glück war nie getrübt ...«*

Das Lied bewegt das Publikum offensichtlich ebenso wie die Vortragenden selbst, die wir in wechselnden Großaufnahmen sehen.
Wir sehen sogar Bruno Levy im Publikum, in dessen Augen es verdächtig schimmert.

Wir sehen Bob groß, als er solo singt: *»Wir haben uns gefunden/Geliebt und heiß geküßt / Es waren schöne Stunden / Die man nicht mehr vergißt / Ein Märchen geht zu Ende / Drum reich mir deine kleinen Hände ...«*

Und wir sehen dabei Erna im Gegenschnitt.

Vor allem aber sehen wir immer wieder groß: Harry und Erna – über deren Gesicht am Ende die Tränen laufen.

Nachdem sie das Lied in voller Länge vorgetragen haben, herrscht einen winzigen Moment lang Schweigen.

Dann bricht donnernder Applaus los, Hoch- und Bravorufe, Jubel. Das Publikum erhebt sich fast geschlossen.

Die Comedian Harmonists fassen sich in einer Reihe an den Händen und verbeugen sich tief.

Es hält das Publikum nicht länger auf den Sitzen. Es stürmt nach vorn und steht dicht gedrängt an der Bühne.

82. Bahnhof
Außen / Tag

Harry, Roman und Mary, Erich und Chantal, Bootz, Ari und Bob gehen mit Gepäck die Treppe zu den Bahnsteigen hoch.

LAUTSPRECHERDURCHSAGE: **Achtung, Achtung, auf Gleis 2 fährt ein der Zug nach Budapest über Wien, Abfahrt vierzehn Uhr dreiundzwanzig.**

Fauchend fährt eine Lokomotive auf dem Gleis ein.

Etwas später. In einer Gruppe am belebten Bahnsteig, mit Koffern und in Reisekleidung: Harry – in einer Hand den Vogelkäfig mit dem zerzausten Papagei darin –, Roman und Mary, Erich und Chantal. Vor ihnen stehen bedrückt Bootz, Ari und Bob. Alle sind befangen.

ARI: **Vielleicht Hitler bald weg!**

Aber ihre und seine eigene Reaktion verraten, daß keiner von ihnen daran so recht glaubt.

Plötzlich erstarrt Harry. Er sieht Erna, die mit einem Köfferchen angekeucht kommt. Bob folgt Harrys Blick und sieht sie nun ebenfalls. Erna bleibt vor ihnen stehen.

ERNA noch außer Atem: **Tut mir leid, Bob. Ich gehöre zu Harry.**

LAUTSPRECHERANSAGE off: **Vorsicht! Am Zug in Richtung Wien die Türen schließen! Und am Bahnsteig bitte zurückbleiben!**

Harry starrt Erna fassungslos wie eine Märchenfee an, während Erich und Roman die anderen schon zum Abschied umarmen und ihre Frauen bereits in den Zug steigen.

Auch Bob steht vollkommen perplex da, nimmt wohl kaum wahr, daß Erich und Roman auch ihn umarmen.

Jetzt lächelt Harry Erna zu, als falle ihm ein großer Stein vom Herzen. Sie erwidert das Lächeln.

HARRY leise: **Schöne Frisur hast du.**

ERNA schaut ihn liebevoll an.

Sie geht schnell zu Bob, der immer noch wie versteinert dasteht, und gibt ihm einen Kuß auf beide Wangen.

ERNA zu Bob: **Ich kann nicht anders.**

BOB nickt: **Ich weiß.**

Und endlich löst er sich aus seiner Erstarrung und hält Erna noch einmal ganz kurz mit beiden Armen fest.

BOB leise: **Lebe wohl! Gute Reise!**

Erna nickt und lächelt ihm zu. Dann nimmt sie ihr Köfferchen und Harrys Papageienkäfig, geht zum Zug und steigt ein.

Bob und Harry sehen sich an. Dann zieht Bob ihn zu sich heran.

BOB: **Komm her, du Spund! Und daß du mir ja auf sie aufpaßt! Sonst komm ich und stoß dich aus'm Anzug!**

Sie umarmen sich fest und lange, klopfen sich gegenseitig auf den Rücken.

Gleichzeitig ertönt ein schriller Pfiff. Das Abfahrtssignal.

Harry nimmt seinen Koffer und kann gerade noch schnell einsteigen, ehe der Schaffner die Tür hinter ihm zuwirft.
Der Zug fährt an.
Die Zurückbleibenden winken.
Aus einem Fenster hängen bereits Roman und Erich. Sie winken zurück.
Harry drängt sich dazu, hebt ebenfalls die Hand.
Aus ihrer Sicht: Die immer kleiner werdenden zurückbleibenden drei Comedian Harmonists, die immer noch winken.
Und aus der Sicht der Zurückbleibenden: die drei, die Deutschland verlassen, winkend am Fenster. Auch sie werden mit zunehmender Entfernung des Zuges kleiner. Der Rauch der Lokomotive weht vor das Bild und läßt es unwirklich erscheinen.
Auf der schwarzen Leinwand: SCHLUSSTITEL.
Dazu erklingt: *Morgen muß ich fort von hier*, gesungen von den Comedian Harmonists.

Manfred Büttner

SPEZIALEFFEKTE

Im Herbst 1996 beehrten uns Joseph Vilsmaier, Peter Sterr und Rolf Zehetbauer, die als Regisseur, Herstellungsleiter und Ausstatter gerade einen neuen Film vorbereiteten, mit einer Visite beim WERK. Peter Sterr kannte mich noch aus der Zeit, als ich auf dem Bavaria-Filmgelände in Geiselgasteig tätig war, und Joseph Vilsmaier hatte von unserer Effektbearbeitung für den Film *Harald* (Drehbuch und Regie: Jürgen Egger) gehört.

Nachdem die drei Besucher von der obligatorischen »Burgführung« durch unser Studio und der anschließenden Demonstration des DO-MINO-Systems angetan waren, setzten wir uns mit WERK-Geschäftsführer Thomas Tannenberger in einer gemütlichen Runde zusammen und erfuhren dabei zum ersten Mal etwas von dem Projekt »Comedian Harmonists«.

Wir waren sofort begeistert, und die damals beginnende Zusammenarbeit mit Joseph Vilsmaier und allen weiteren Beteiligten der Produktion machte uns sehr viel Spaß.

War anfangs noch von der Bearbeitung einer einzelnen Einstellung die Rede, so vergrößerte sich der Umfang der Special-Effects-Arbeiten im Laufe der Produktion kontinuierlich. Nicht immer war es einfach, mit dem steigenden Auftragsvolumen Schritt zu halten, weil es eine große Anzahl anderer parallel laufender Projekte gab.

Trotzdem empfanden wir jedesmal, wenn wir die Bearbeitung einer Szene zusagten, dies als Versprechen, das beste Ergebnis abzuliefern. Nicht zuletzt durch die sehr kooperative Zusammenarbeit mit dem Produktionsteam gehört für mich die Arbeit an den Comedian Harmonists zu den Highlights 1997.

Spezialeffekte haben in der Filmgeschichte eine sehr lange Tradition: Man denke beispielsweise an Jules Vernes *20 000 Meilen unter dem Meer*, das 1907 von Georges Mèliès zum ersten Mal verfilmt wurde und 1953 als effektreiche Walt-Disney-Produktion neu aufgelegt wurde.

Von den Puppenanimationen von *The lost world* (1925) oder *King Kong* (1933) spannt sich ein weiter Special-Effects-Bogen über die atemberaubenden Weltraum-Trickaufnahmen von Stanley Kubricks *2001 – Odyssee im Weltraum* (1968) bis zum Einsatz erster computergenerierter Trickaufnahmen etwa für Steven Lisbergers *Tron* (1982).

Ob Doppelgänger-Aufnahmen in *Der Student von Prag* (1913) oder aufwendige Modellaufnahmen in *Metropolis* (1926): Auch in Deutschland halfen Spezialeffekte von Anbeginn der Filmproduktion, die Illusion auf der Leinwand glaubhafter zu machen. Aus der Frühzeit des deutschen Fernsehens dürfte den meisten noch die Arbeit deutscher Trickspezialisten für die Serie *Raumpatrouille* in Erinnerung sein, die inzwischen Kultstatus hat. Aufpro-Aufnahmen für *Das Boot* (1981) oder Bluescreen-Effekte für *Die unendliche Geschichte* (1984) belegten die herausragende Rolle von Trickeffekten *made in Germany* in den achtziger Jahren.

Seit fünfzehn Jahren werden Spielfilme digital bearbeitet. Doch erst in den letzten Jahren ermöglicht der Preisverfall bei der Mikroprozessor-Herstellung, daß eine digitale Bearbeitung auch unter Kostengesichtspunkten mit einer traditionellen Bearbeitung konkurrieren kann. Als Beispiele aus der jüngeren Zeit wären *Jurassic Park* oder *Forrest Gump* zu nennen.

Digitale Bildbearbeitung bedeutet, daß jedes Einzelbild eines 35 mm-Filmes (das bedeutet 24 Bilder bei einer Sekunde Filmlaufzeit bzw. 150 000 Bilder bei einem abendfüllenden Spielfilm) in etwa 5 Millionen Bildpunkte zerlegt bzw. »digitalisiert« wird. Anschließend kann jeder einzelne Bildpunkt manipuliert und auf ein neues Bildnegativ zurückbelichtct werden. Damit ist es möglich, das Filmbild in seiner Form, seiner Farbe, in seinem Bildinhalt zu verändern, ohne daß es zu einer Qualitätseinbuße kommt. Anders ausgedrückt: Der Effekt wird so perfekt hergestellt, daß er als solcher hinterher nicht mehr zu erkennen ist.

Die digitale Bildbearbeitung hat gegenüber der traditionellen Bildbearbeitung viele Vorteile; an erster Stelle stehen die Kosten: Es ist kostengünstiger, für eine Filmkulisse ein Foto zu scannen, am Computer aufzubereiten und in den Hintergrund der Szene zu setzen, als beispielsweise eine Kulissenstadt aufzubauen.

Ebenso wichtig wie der Kostenvorteil ist der Vorteil der beliebigen Wiederholung einer digitalen Manipulation. Wurden in einem Bild zum Beispiel zehn Digitaleffekte eingesetzt, von denen einer nachträglich geändert wurde, muß nicht die komplette Bildbearbeitung wiederholt werden. Es reicht statt dessen, nur die betreffende Bildebene neu zu gestalten und in die Gesamt-Bildkomposition einzubauen.

Außerdem ist man mit einer digitalen Bearbeitung meist schneller am Ziel als mit einer herkömmlichen. Beispielsweise benötigt die Freistellung von Blue-Screen-Aufnahmen am optischen Printer wochenlange Tests und Versuche, bis es zu einem perfekten Ergebnis kommt. Demgegenüber arbeiten digitale Systeme interaktiv, d. h. man sieht sofort das Ergebnis der Bearbeitung und kann bei ungenügendem Ergebnis sofort nachkorrigieren.

Schließlich sind mit digitalen Systemen Effekte möglich, die vorher überhaupt nicht machbar waren. Als Beispiel sei hier die Rettung »verunglückter« Aufnahmen genannt, bei denen Mikrofon-Stative, Passanten, Hochspannungsleitungen, Verpflegungsfahrzeuge usw. versehentlich aufgenommen wurden. Während solche Szenen früher neu gedreht werden mußten, ist es heute möglich, die ungewünschten Objekte digital aus dem Bild zu entfernen.

Im **WERK**, das in Frankfurt, München und seit kurzem Hamburg drei Studios hat, steht eine große Bandbreite weiterer Effekt-Möglichkeiten zur Verfügung, so daß für jedes Projekt eine optimale Lösung gefunden werden kann. Unter der Leitung von Stefan Jonas und Thomas Tannenberger arbeiten etwa 50 Special Effects Experten auf 1800 Quadratmetern Studiofläche allein in München. Alles ist hier in seiner technischen Konfiguration ganz auf die Bedürfnisse der Filmproduzenten im Spiel- und Werbefilmbereich zugeschnitten.

Das technische Herzstück unserer Digital-Film-Abteilung bildet das DOMINO-System, von dem europaweit gerade einmal sechs Stück installiert existieren. DAS WERK betreibt zwei Systeme im parallelen Betrieb. DOMINO besteht aus einem Film-Scanner zum Digitalisieren der Filmbilder, der Workstation zur eigentlichen Bild-Manipulation und dem Filmbelichter, mit dem die bearbeiteten Bilder wieder auf ein neues Film-Negativ zurückbelichtet werden.

Neben DOMINO sind im WERK sieben Workstations von »Silicon Graphics« mit Software von »Alias« und »Softimage« installiert sowie mehrere Macintoshs. Diese Konfiguration wird durch ein umfangreiches weiteres Angebot für Filmschnitt, Film-Abtastung und Video-Effekte abgerundet.

Nach und nach vergab Vilsmaier an DAS WERK 40 Einstellungen zur Bearbeitung: 1. Freiheitsstatue (eine Einstellung); 2. Fähre von Manhattan nach Staten Island (25 Einstellungen); 3. Flugzeugträger *Saratoga* (zwei Einstellungen); 4. Abfahrt New York (zwei Einstellungen); 5. Kriegsschiffe (zwei Einstellungen); 6. Totale New York (eine Einstellung); 7. *Europa* auf hoher See (eine Einstellung); 8. Friedhof (fünf Einstellungen); 9. Hafenankunft Bremerhaven (eine Einstellung).

1. Freiheitsstatue: Diese Szene bearbeiteten wir bereits Ende 1996 als Teil einer Präsentation, mit der wir Joseph Vilsmaier von unseren Möglichkeiten und der Qualität unserer Bearbeitung überzeugen wollten. Zum Testen erhielten wir eine große Filmrolle mit New-York-Szenen, aus denen wir eine verwackelte Hubschrauber-Aufnahme aussuchten – einen Vorbeiflug an Manhattan mit der Freiheitsstatue im Vordergrund. Für den Test glichen wir mit der ALF-Funktion des DOMINO zunächst einmal die unruhige Kamerabewegung aus, die durch den Hubschrau-

Skyline 1997

Nach der Bearbeitung

berflug in Verbindung mit einer Handkamera verursacht wurde. Danach änderten wir die gesamte Szenerie farblich auf »30er Jahre« um. Schließlich packte uns der Ehrgeiz und wir entfernten mit DOMINO zusätzlich einige der moderneren Hochhäuser.

Joseph Vilsmaiers Reaktion auf diesen Test war jedenfalls positiv: »*Dös seh i scho, daß dös guat is.*« Wenig später erhielten wir den Auftrag für die Bearbeitung der Flugzeugträger-Szenen. Besonders freute uns, daß dieser »Test« (nachdem wir noch einen Hubschrauber entfernten, der hinter der Freiheitsstatue vorbeiflog) später sogar in den Film eingebaut wurde.

2. Fähre von Manhattan nach Staten Island: Der Bearbeitungskomplex »Fähre New York« war der längste von allen. Er bestand aus 25 Einzel-Szenen mit einer Länge von insgesamt zirka drei Minuten. Ursprünglich war geplant, diese Szenen so zu drehen, daß die im Hintergrund sichtbaren modernen Wolkenkratzer (am auffälligsten sind die Doppeltürme des World Trade Center) von den Schauspielern im Vordergrund verdeckt werden.

Dieser Plan wurde durch die im Seegang schwankende Fähre selbst und außerdem auch durch die sich hin und her bewegenden Schauspieler vereitelt.

Unser Job: Entfernen aller modernen Architektur im Hintergrund und der Spiegelung derselben in den Fenstern der Fähre.

Die Aufgabe wurde komplett am DOMINO-System mit einer sehr nützlichen Funktion namens ALF (bedeutet Auto Lock Follow) gelöst: ALF kann ein Muster im Bild wie beispielsweise das World Trade Center erkennen und dessen Bewegung relativ zur Kamera nachvollziehen (auf computer-deutsch heißt dieser Vorgang »tracken«). Wenn dieser Vorgang abgeschlossen ist, wird mit DOMINO ein anderes Bild-Element (beispielsweise aus alten Fotos aufbereitete ältere Hochhäuser) an die Stelle kopiert, an der ALF vorher das World Trade Center lokalisierte.

Die Schwierigkeit bei dieser Bearbeitung war einerseits, daß zum Beispiel das World Trade Center immer wieder von den Schauspielern verdeckt wurde, so daß neue ALF-Punkte gefunden werden mußten. Andererseits war die moderne Architektur im Hintergrund so unscharf, daß die ALF-Funktion häufig scheiterte. In diesen Fällen blieb nur die Möglichkeit, die Bewegung von Hand Bild für Bild nachzuführen.

Im Hintergrund: Manhattan 1997

Virtuell erzeugt: Manhattan 1934

3. Flugzeugträger *Saratoga*: Der Auftritt der Comedian Harmonists 1934 in New York vor dem Flugzeugträger Saratoga ist legendär. Vilsmaier wollte in einer großen Szene diesen Auftritt zeigen. Neben der Bühne sollten gleichzeitig 1500 Matrosen zu sehen sein und außerdem ein mehrere hundert Menschen großes Publikum. Natürlich mußte eine Stadtansicht von New York aus dem Jahr 1934 den Bildhintergrund abgeben.

Schon bei einem ersten Gespräch wurde klar, daß für die Auflösung dieser Szene nur digitale Techniken in Frage kämen, weil eine traditionelle Bearbeitung das vorgegebene Budget weit übersteigen würde.

Allein die Bereitstellung von etwa 2000 Statisten, der Bau einer Flugzeugträger-Kulisse, eines Flugzeugträger-Maßstab-Modells sowie die Herstellung eines Matte Paintings mit dem New-York-Hintergrund hätte eine größere siebenstellige Summe erfordert.

So wurde entschieden, die Szene vor dem zum Museumsschiff umfunktionierten Flugzeugträger *Independence* zu drehen. Dieses Schiff sollte später vom WERK zur *Saratoga* »umgebaut« werden. Da außerdem der Produktion nur 200 Statisten zur Verfügung standen, mußten diese mit Hilfe der Technik der Crowd Replication zu den 2000 Menschen, die schließlich im Bild zu sehen sind, vervielfältigt werden.

Die digitale Effektbearbeitung beinhaltete außerdem die Zurückversetzung des Flugzeugträgers in den Zustand, den er kurz nach Stapellauf Anfang der dreißiger Jahre hatte, sowie die Herstellung und den Einbau einer zeitgenössischen New-York-Skyline in den Hintergrund.

Im Mai 1997 standen die Dreharbeiten in New York an. George Maihöfer, der für die kreative Umsetzung der Special Effects im WERK verantwortlich war, stand im Interesse einer reibungslosen Effekt-Bearbeitung dem Drehteam an Ort und Stelle zur Seite.

Für die Positionierung der Matrosengruppen auf dem Schiff erwies sich die Unterteilung des Schiffes in Hangars und Kasematten als sehr hilfreich, da hierdurch eine störende Überlappung der Gruppen ausgeschlossen wurde. Um ein möglichst heterogenes Bild der Matrosengruppen herzustellen, wurden die 200 Statisten bei jeder Teilaufnahme neu durchmischt, also hinsichtlich Größe, Uniform etc. verschieden zusammengestellt.

Schwieriger gestaltete sich die Crowd Replication auf dem Platz vor dem Flugzeugträger, da die Menschenmenge hier nicht durch natürliche Begrenzungen unterteilt wurde. Deshalb wurden auf dem Boden Markierungen angebracht und damit die Statistengruppen unterteilt. Mit Hilfe von Bluescreens konnten die Gruppen vom Hintergrund separiert und danach am DOMINO hintereinandergestellt werden.

Die Bearbeitung der Szenen bot dann aber doch einige unerwartete Überraschungen. Der Trick kann normalerweise nur gelingen, wenn sich weder die Kamera noch die Schiffe (also der Flugzeugträger und die kleine Korvette davor sowie der Ponton, auf dem die Comedian Harmonists stehen) gegeneinander bewegen. Angeblich waren alle Schiffe auf dem Hafengrund stabil verankert …

Leider sah die Realität anders aus. Sowohl der Ponton mit den Comedian Harmonists wie auch die Korvette und der Flugzeugträger bewegten sich durch Ebbe und Flut im Verlauf des Drehs auf und ab. Dazu kam eine unterschiedliche Neigung der Schiffe gegenüber der Kamera, je nachdem, ob die Matrosen am Bug oder am Heck standen. Damit nicht genug: die Schiffe verschoben sich auch noch horizontal zueinander, weil die Vertäuung nicht so stabil war wie vorgesehen.

Diese Bewegungen mußten vor der eigentlichen Bearbeitung am DOMINO mit der ALF-Funktion ausgeglichen werden – ein Vorgang, der allein schon eine Woche Arbeit in Anspruch nahm. Erst danach konnte mit der eigentlichen Kombination der Statisten-Gruppen begonnen werden.

Anschließend bauten wir die *Independence* zur *Saratoga* um. Düsenjäger auf dem Flugdeck, Hinweisschilder für Besucher, Radaranlagen, die moderne Bewaffnung, Nachkriegs-Markierungen fielen DOMINO zum Opfer und wurden durch zeitgemäße Elemente ersetzt. Anhand von Fotografien rekonstruierten wir am DOMINO Deckaufbauten, Waffen, Antennen, Markierungen, Flaggen usw.

Nach Abschluß dieser Arbeiten begannen wir mit der Bearbeitung des Hintergrundes: Aus zeitgenössischen Original-Filmen und -Fotografien rekonstruierten wir eine authentisch wirkende Skyline. Um der gesamten Szenerie den letzten Schliff zu geben, setzte George noch einige Vögel ein, die er mit seiner 16mm-Kamera auf der *Love Parade 1997* gedreht hatte.

4.–6. Abfahrt New York, Kriegsschiffe, Totale New York: Die Effekte für diese 3 Szenen lassen sich unter dem Begriff »Aus Neu mach Alt« zusammenfassen. Für die »Abfahrt New York« wurde der Hintergrund der Szene auf Alt umgebaut, indem moderne Hochhäuser wegretuschiert wurden. Auch die Kriegsschiffe wurden mittels Entfernung von Radaranlagen etc. auf Alt getrimmt. Ebenso wurden bei der Totale New York moderne Hochhäuser entfernt und durch aufbereitete Aufnahmen alter Hochhäuser ersetzt.

200 Statisten an Deck der *Saratoga*

Vor dem Flugzeugträger müssen die Matrosen vom Hintergrund »isoliert« werden

Durch die Schiffsaufbauten wird die »Crowd Replication« erleichtert

Die sechs Hauptakteure sind *wirklich* anwesend

5. _Europa_ auf hoher See: Den Auftrag zur Bearbeitung dieser Szene erhielten wir erst sehr spät. Nach Vorstellung des Rohschnittes fragte mich Joseph Vilsmaier: _»Du Manfred, sag' mal, habt's da nix, ich brauch was für die Szene vor der Hafenankunft in Bremerhaven …«_

Die Szene sollte nach unserer Vorstellung fast komplett aus dem Animations-Computer kommen, verlangte aber nichtsdestotrotz nach einer eingehenden Recherche: Nachdem wir im Internet nicht fündig wurden, schrieben wir die Reederei der _Europa_ an und besuchten Bibliotheken. Im Deutschen Museum in München fanden wir schließlich ein 3-Meter-Modell der _Europa_, das sich sehr gut als Anschauungsobjekt eignete. Eine Kollegin vom WERK Hamburg machte im Hamburger Hafen Dutzende Fotos von Schiffsrümpfen, Ankern usw., die uns als Vorlage für die Gestaltung der _Europa_ dienen sollten.

Dann wurde die _Europa_ in der typischen WERK-Arbeitsteilung noch einmal auf Kiel gelegt: Guido Lück setzte das vorhandene Fotomaterial in eine 1,5 Meter lange 3-Seiten-Ansicht der _Europa_ um und machte sich an das 3D-Modelling.

Mit dem 3D-Animationsprogramm »Softimage« erzeugten wir das komplette Schiff, welches im Bugbereich später für die Bearbeitung »Ankunft in Bremerhaven« besonders detailliert gestaltet wurde. Dies betraf insbesondere die Gestaltung des Ankers, des Schiffswappens und der vom Seewasser angegriffenen Stahloberfläche des Rumpfes.

Der Rauch aus den Schornsteinen, die Bugwelle und die Meeres-Wellen erzeugten wir mit einem sogenannten Partikel-System. Damit ist es möglich, einer Gruppe von Objekten eine Form (z. B. Rußpartikel oder Vogelgestalt), Farbe, Freiheitsgrade und grundlegende Bewegungs-Vektoren zuzuweisen. Damit können dann zum Beispiel Rauch oder ein Vogelschwarm hergestellt werden.

Für die Oberflächen des Schiffes scannten wir am Macintosh Fotos von Nieten, Schiffsbeplankungen etc. ein und malten sie mit dem Programm »Photoshop« um. Der Himmel-Hintergrund entstand aus einem Dia, welches ebenfalls am Macintosh entsprechend aufbereitet wurde. Um der Szene eine besondere Dramatik zu geben, färbten wir die Wolken so ein, daß sie im Osten, also in Nazideutschland, dunkler und bedrohlicher wirkten … Die 3D-Animations-Arbeit schloß auch die Animation der virtuellen Kamera selbst mit ein, damit der Eindruck entstand, als würde sich die Kamera selbst auf einem schwankenden Schiff befinden.

Zum Schluß wurden alle Einzel-Elemente (Schiff, Himmel, Rauch, Wellen, Bugwelle) über unser Daten-Netzwerk zum DOMINO transferiert und zu einer Gesamtkomposition zusammengefügt. Nach einer Farb- und Kontrastkorrektur lief die _Europa_ 1997 noch einmal vom Stapel.

Modell im Deutschen Museum (München)

Details am Bug

Rostige Rumpfoberfläche

8. Bearbeitung Friedhof: Bei dieser Effekt-Bearbeitung ging es darum, fünf Friedhof-Szenen, die im Sommer gedreht wurden, auf »Winter« umzuarbeiten. Das uns zur Verfügung gestellte Ausgangsmaterial erwies sich für diese Aufgabe denkbar ungünstig: Der Friedhof leuchtete richtiggehend in einem satten Grün von Bäumen, Wiesen, Blumen. Überall wucherten Sträucher und Kletterpflanzen. Ulrich Noethen als Harry Frommermann zitterte zwar ob der winterlichen Kälte, hatte aber ein sommerlich gebräuntes Gesicht.

Eine einfache Lösung (wie z. B. Zurücknehmen der Farbsättigung, um das Bild grauer erscheinen zu lassen) kam bei diesem Material also nicht in Frage.

Als Ausweg blieb nur, Ulrich Noethen vom Hintergrund zu separieren, den Hintergrund selbst auf Winter umzuarbeiten und Ulrich Noethen wieder einzusetzen. Die Schwierigkeit dabei war die Separierung des Schauspielers vom Hintergrund, da beim Dreh ohne Bluescreens gearbeitet wurde.

Für die Umarbeitung der Hintergründe der fünf Szenen, also der Herstellung sogenannter digitaler Matte Paintings, benötigten wir etwa eine Woche. Wuchernde Sträucher wurden entfernt, Bäume entlaubt, Laub wurde von grün auf braun umgefärbt. Martin Kett, unser Digital Matte Painter, brachte Dias von Winter-Aufnahmen mit, die wir digitalisierten, am Macintosh aufbereiteten und in die Hintergründe einsetzten.

In der Zwischenzeit war Harry Frommermann perfekt freigestellt worden, so daß er mit ordentlicher Novemberblässe wieder in die Szene eingesetzt werden konnte. Damit die Hintergründe nicht statisch und leblos wirkten, peppte sie George mit Bewegt-Elementen auf: Einige Äste bewegen sich fast unmerklich im Wind, in drei Szenen begegnet uns wieder Georges Love-Parade-Vogel aus der Flugzeugträger-Bearbeitung, ein Blatt fällt herunter.

9. Hafenankunft in Bremerhaven: Der Bedarf zu einer Digitalbearbeitung dieser Szene ergab sich erst durch die Änderung der Dreharbeiten, denn ursprünglich war nur eine Innenaufnahme geplant. Joseph Vilsmaier gefiel das Schlachthof-Gebäude in Wien aber auch von außen so gut, daß er zusätzlich einen Außendreh einschob. Leider aber war weit und breit nichts von einer Hafenatmosphäre zu spüren …

Die Aufgabenstellung war damit klar: Digitaler Umbau des Schlachthof-Gebäudes in ein Hafenankunfts-Gebäude in Bremerhaven. Da wir für die Bearbeitung der Szene »Europa auf hoher See« ohnehin schon ein Schiff im Computer gebaut hatten, beschlossen wir, dasselbe Schiff neben dem Wiener Schlachthof-Gebäude vor Anker gehen zu lassen.

Ulrich Noethen *fröstelt* bei Dreharbeiten im Hochsommer

Nach der Bearbeitung: Digital entlaubte Bäume

Natürlich mußte das Schiff für diese Szene wesentlich detaillierter ausgearbeitet werden, da es im Vordergrund zu sehen war.

Da sich nur wenige Passanten vor der Ankunftshalle befanden, separierten wir andere Passanten aus anderen Filmteilen und setzten sie in die Szene ein. Leider waren auch nur sehr wenige Autos zu sehen, so daß wir einige Autos duplizierten, digital umlackierten, mit anderen Rädern und Details versahen und in die Szene einbauten. In der 3D-Abteilung modellierten wir das *Bremerhaven*-Schild, welches am DOMINO auf die Halle gesetzt wurde. Ich werde die Diskussion von Frank Wegehoff und George Maihöfer kurz vor Abgabe-Termin nicht vergessen, als es noch darum ging, welche Art von Schrauben in den dreißiger Jahren verwendet worden sind …

Ganz zum Schluß durften wieder die Love-Parade-Vögel, mit denen wir schon beim Friedhof und beim Flugzeugträger Bekanntschaft gemacht hatten, der Szene mehr Lebendigkeit verleihen.

Ablauf einer digitalen Film-Bearbeitung beim WERK: Nachdem Peter Adam, der Schnittmeister, die genauen Szenen bestimmt hatte, erhielten wir vom Bavaria-Filmkopierwerk die 35mm-Original-Negative geliefert und zusätzlich zu jeder Szene eine von Joseph Vilsmaier abgesegnete Positiv-Kopie, aus der wir ersehen konnten, wie er sich die Farbigkeit der Szene vorstellte.

Anschließend wurde das 35mm-Negativ zum Digitalisieren in den DOMINO-Scanner eingelegt, Start- und Endpunkt festgelegt und der Scan gestartet. Das Scanning geschieht nach einer Digital-Lichtbestimmung automatisch; der Scan jedes Bildes dauert fünfzehn Sekunden. Anschließend werden die Bilder auf das digitale D16-Bildarchiv überspielt, bis sie zur Weiterverarbeitung wieder vom Archiv in die DOMINO-Workstation überspielt werden. Für die eigentliche Bearbeitung kann der Operator aus einem umfangreichen Angebot aus Bildbearbeitungs-Funktionen auswählen.

Sind die Effekte bearbeitet und vom Regisseur abgenommen, wird die Bild-Sequenz in den DOMINO-Recorder transferiert und dann Bild für Bild auf ein neues 35 mm-Negativ aufgezeichnet.

Bei Comedian Harmonists wurden die einzelnen Bilder zuvor noch in das Cinemascope-Format verzerrt, denn die ursprüngliche Bildaufnahme geschah im Super-35 mm-Format, während für die Projektion das Cinemascope-Format Anwendung finden sollte.

Nach der Filmentwicklung im Filmkopierwerk werden die Effekt-Negative in das Negativ des Gesamtfilmes eingeschnitten und wie ein normales Kameranegativ weiterverarbeitet.

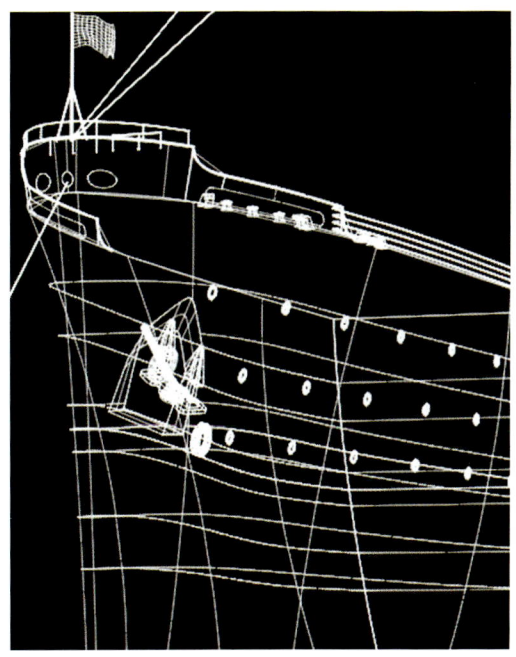

Die *Europa* wird am Computer entworfen

... und *gebaut*

Die *Europa* »legt im Wiener Schlachthof an«

Joseph Vilsmaier / Roman Cycowski

IM GESPRÄCH

Gespräch mit Joseph Vilsmaier

Ist »Comedian Harmonists« ein Musikfilm?

Nein, ich sehe in dem, was wir wollten und was wir gemacht haben, auf keinen Fall einen Musikfilm. Natürlich kommt man ohne Musik bei den Comedian Harmonists nicht aus, das war ja ihr Leben. Aber in dem Film zeigen wir von der Komödie bis zur Tragödie alles, was einen Film ausmacht: Liebe, Haß, Leid, Politik, Geschichte. Für mich standen die Zeit des Nationalsozialismus und das jüdische Thema im Mittelpunkt. Um sich das Ausmaß bewußtzumachen, was damals überhaupt passiert ist, muß man sich vielleicht mal vorstellen, die Beatles wären in ihrer besten Zeit durch politischen Druck getrennt worden – vielleicht wäre da ein Weltkrieg ausgebrochen ... so ungefähr sehe ich die Dimension dessen, was die Comedian Harmonists betrifft.

Der Film hat im Dezember 1997 Premiere, also genau siebzig Jahre nach der Gründung des Ensembles ...

Es ist wirklich so, daß unser Film fast auf den Tag genau siebzig Jahre nach der Gründungsannonce Premiere hat. Im Berliner Lokal-Anzeiger am 18. Dezember 1927, wir haben uns ja die Originalannonce besorgt, standen auf einer Seite Hunderte Kleinanzeigen; mitten darin die von Harry Frommermann – wenn man das sieht, überwältigt es einen, daß die überhaupt von irgend jemandem gefunden wurde. Aufgrund dieser kleinen Annonce haben sich schließlich sechs Männer getroffen, die dann bald Welterfolg hatten. Und ich bin überzeugt davon, daß die Musik die nächsten hundert Jahre noch überlebt.

Aber warum gerade jetzt solch ein Film, warum nicht vor zwanzig oder dreißig Jahren?

Ich weiß es nicht, warum sich niemand früher diesen Stoff vorgenommen hat; es gab ja 1975 die Fernsehdokumentation von Eberhard Fechner, die irrsinnig gut ist, aber einen Spielfilm gab es nicht. Vielleicht war es zu früh. Ich finde das natürlich gut, weil – da kann ich es jetzt machen.

Natürlich gibt es Parallelen zwischen damals und heute. Ein paar Millionen Arbeitslose, die Sehnsucht vieler Menschen, ihre Alltagssorgen wenigstens zwei Stunden lang zu vergessen. Aber das ist nicht auf einen besonderen historischen Moment beschränkt, und außerdem sind viele Lieder ja gar nicht so harmlos, wie es im ersten Moment scheint. Die Auseinandersetzung mit dem Thema Nationalsozialismus ist sicher heute umfassender als vor zwanzig Jahren. Auch gerade junge Menschen beschäftigen sich damit.

Mit dem letzten Film waren wir einmal nach Amerika eingeladen, und ich habe dort den Kulturchef der Washington Post getroffen. Wir haben über die politischen Entwicklungen in Deutschland gesprochen, über Rechtsradikalismus und Neonazismus; jedenfalls fragte mich der Redakteur nach meinem nächsten Film. Als ich ihm sagte, »Comedian Harmonists«, sprang er auf, sagte, daß er ein ganz großer Fan der Harmonists sei, und eröffnete mir, daß Steven Spielberg vor Schindlers Liste einen Film über die Comedian Harmonists drehen wollte. Ich habe ihm das erst nicht recht geglaubt, aber er schrieb dann einen dreiseitigen Artikel, in dem er das sehr ausführlich wiederholte. Kürzlich schrieb jemand (ich mußte ziemlich lachen darüber): »Der Niederbayer Vilsmaier hat Spielberg die ›Comedian Harmonists‹ weggenommen.« Ja, wie auch immer: ich könnte mir vorstellen, daß das auch für Spielberg ein tolles Thema gewesen wäre.

Worin unterscheidet sich Dein Film von Fechners Dokumentation, die ja bis heute oft wiederholt wird in den Fernsehprogrammen? Warum überhaupt danach noch einen Spielfilm?
Fechners Dokumentation ist hervorragend gemacht. Sie vermittelt ganz klar: Wie war es? Die Aussagen der verschiedenen Mitglieder und der Angehörigen wurden zu einzelnen Themen und Zeitabschnitten zusammenmontiert, so daß auch die Widersprüchlichkeit innerhalb der Gruppe deutlich wird. Man merkt, wenn jemand flunkert, ohne daß es immerzu einen Kommentar geben muß. Das ist ausgezeichnet gemacht. Aber im Mittelpunkt steht natürlich die Information. Im Kino muß ich dem Publikum vor allem eine Geschichte bieten, in der es mitleben kann. Im Spielfilm herrschen ganz andere Gesetze als beim Dokumentarfilm. Und Kino ist noch einmal was anderes. Man muß das Publikum mitreißen. Es muß mitfühlen. Die politische Aussage ist uns aber ebenso wichtig. Es steht mir nicht zu, mit dem Zeigefinger herumzufuchteln, aber wenn ich als Regisseur Nachdenken auslösen kann, macht mich das zufrieden.

Fechner zeigt ja sechs Lebensläufe, die einzelnen Schicksale vor allem auch nach 1935; ihr beginnt gewissermaßen mit der Gründung der Comedian Harmonists und endet, als sie auseinandergehen. Wie nah bleibt der Film an der authentischen Geschichte?
Ich würde sagen, es wird fast gar nichts verändert. Wir zeigen, wie die Gruppe zusammenfand, bald Erfolg hatte, durch die Nazis mit immer größeren Schwierigkeiten zu kämpfen hatte. Die Juden werden nicht in die Reichsmusikkammer aufgenommen, deshalb dürfen sie nicht mehr zusammen auftreten bzw. nur noch mit Sondergenehmigungen ... Und

schließlich brechen sie 1935 auseinander, drei bleiben in Deutschland, die sogenannten Arier; die drei Juden gehen nach Wien ins Exil. Das ist ja das Verrückte, daß sich alles so abgespielt hat; das kann man gar nicht erfinden. Der Film folgt weitgehend den authentischen Lebenslinien der sechs Hauptfiguren bis zur Trennung. Da war der aus Polen kommende orthodoxe Jude Roman Cycowski, dann der sich eher modern verstehende Harry Frommermann aus einer Berliner Familie; Erich Collin begriff sich gar nicht als Jude, weil er getauft war – erst die Rassengesetze der Nazis machten ihn dazu. Bootz, der Pianist, war mit einer Jüdin verheiratet, die er dann verließ. Ari Leschnikoff, der ganz schlecht deutsch sprechende bulgarische Offizier, galt den Nazis als Arier.

Allein dadurch, daß sechs Menschen im Mittelpunkt stehen und nicht nur ein einzelner Held, kann oft etwas nur angedeutet werden, müssen kleine Zeichen ersetzen, was sich sonst nur umfangreich erzählen ließe. Die Zuschauer müssen die Geschichten zu Ende konstruieren.

Der Zuschauer ist ja nicht blöd. Man glaubt gar nicht, was man dem Zuschauer alles zutrauen kann. Das ist ja das Schöne, daß man im Film mitdenken kann und muß. Jeder Zuschauer macht sich seinen eigenen Film.

Das jüdische Leben in Deutschland vor und kurz nach 1933, die jüdischen Bräuche spielen eine wichtige Rolle im Film. Nicht nur bei der Hochzeit zwischen Cycowski und seiner Mary. Woher stammen die Kenntnisse, woher die Affinitäten des Regisseurs?

Durch den Krieg waren wir ausgebombt und wurden gleich nach Kriegsende, noch 1945, da war ich sechs Jahre alt, in eine alte Finanz-Wohnung verwiesen, in der zuvor fünf Parteien gewohnt hatten. Einmal klingelte es an der Wohnungstür, meine Mutter schickte mich zum Öffnen, und da habe ich zum ersten Mal einen Juden gesehen. Mit einem riesigen Bart, mit Hut, klein von Statur, neben ihm eine größere Frau mit einem kleinen Kind. Die wurden wie wir eingewiesen in die Wohnung. Sie waren damals noch nicht verheiratet, sondern hatten sich erst auf der Flucht kennengelernt, irgendwo in einem ungarischen Kornfeld; er kam eigentlich aus Polen. Die richtigen Familienangehörigen der beiden Erwachsenen waren umgekommen. Später kam noch eine weitere jüdische Familie dazu, auch mit Kind. Dann wurden neue Kinder geboren im Laufe der Zeit. Und die waren wie meine Brüder und Schwestern. Später bekamen sie selber Kinder, und so hat meine Mutter im Laufe der Zeit gewissermaßen sechs, sieben jüdische Kinder mit aufgezogen. Sie hatte sich während des Nationalsozialismus überhaupt nicht um Politik geküm-

Dana Vávrová als Ursula, eine Jüdin, von der sich Erwin Bootz scheiden läßt

mert und wußte auch nichts; sie lebte damals auf einem Hof in Franken. Und deshalb hat sie ihr Verhalten nach dem Krieg auch gar nicht als Wiedergutmachung oder den Versuch dazu empfinden können. Das war einfach so Menschlichkeit. Es entstand eine Freundschaft, die fast fünfzig Jahre überdauerte, auch als die beiden Familien später nach Israel gingen, blieb der Kontakt eng, und man besuchte sich jedes Jahr längere Zeit, bis zum Tod meiner Mutter.

Aber von jüdischen Gebräuchen kann sie doch vor 1945 kaum eine Ahnung gehabt haben?
Nein, die kannte sie natürlich überhaupt nicht. Null. Das haben wir erst nach 1945 kennengelernt, als wir zusammen in einer Wohnung wohnten. Meine Mutter hat bei den jüdischen Familien im Haushalt geholfen, so entstand engerer Kontakt. Die Feste haben mich immer ungeheuer fasziniert. Wenn gefeiert wurde, ging die Post ab, ob das nun Hochzeit war oder Pessachfest oder was auch immer. Die Lebensart war für mich ganz etwas Wunderbares. Wenn etwas nicht koscher war, wurde es eben koscher gemacht. Auch die jüdischen Witze liebe ich; daß die Juden sich so herrlich selbst auf den Arm nehmen können. Ich habe sehr viel vom jüdischen Leben schon als Kind ganz selbstverständlich mitbekommen und bin deshalb vielleicht auch unverkrampfter als viele andere Deutsche. Wir sind ja zusammen aufgewachsen. Wenn mir was nicht paßt, sage ich das auch, zum Beispiel daß die Politik der Versöhnung durch Rabin großartig war und die Politik danach eine gefährliche Richtung genommen hat. Ich finde nicht, daß man als Deutscher da aus Schuldgefühlen den Mund halten muß. Es hängt immer alles vom einzelnen Menschen ab.

Der Film macht es sich tatsächlich nicht so leicht mit einer Schwarz-Weiß-Moral und mit verkürzten Schuldzuweisungen.
Die sechs waren ja überhaupt nicht politisch eingestellt. Sie haben irgendwie geglaubt, daß der Nazispuk schnell wieder vorbei ist, aber unabhängig davon: sie hielten sich für so weltberühmt, daß sie dachten, man könne ihnen sowieso nichts anhaben. Frommermann hat nicht danach gefragt, woher jemand kommt, sondern ob er singen kann. Die Sänger waren zuallererst Künstler und haben um nichts in der Welt den andern Vorwürfe wegen ihrer Religion gemacht. Sie haben sich einfach nicht dafür interessiert; im Film staunt etwa Biberti: ›was, wir haben noch einen dritten Juden?‹ Erich ist auch ein Jude?‹ Bis zu ihrer Trennung waren die sechs ja unzertrennlich, sie haben zusammen Urlaub gemacht und alles gemeinsam unternommen. Aber dann konnte sich niemand

Die Comedian Harmonists in der Villa von Julius Streicher

mehr der Politik entziehen; das ging weniger von der Moral der einzelnen aus, die war eher eine Reaktion auf die Zumutungen der Politik.

Eine Zeitlang haben alle gemeinsam versucht, die grausame politische Wirklichkeit zu verdrängen. Die Unterschiede innerhalb der Gruppe waren gar nicht so groß. Kleinigkeiten, beispielsweise Liedtexte, wurden *uminterpretiert*.
Auch scheinbar harmlose Texte sind oft Kommentare zu realen Verhältnissen.

Wir haben das im Film so arrangiert; etwa beim Konzert in Nürnberg vor Julius Streicher, als sie nach der Unterbrechung singen: »... *die Politik ist ganz vergessen in Kalumba* ...« Die sechs haben einmal – das ist authentisch so – bei Streicher in seiner Villa gesungen. Sie sahen natürlich die Gefahr im Hintergrund lauern. In Wirklichkeit haben sie eine Zeitlang gute Miene zum bösen Spiel gemacht und sich nicht völlig verweigert. Sie sangen für das Winterhilfswerk und grüßten auf der Bühne mit dem Hitlergruß. Angst, Selbsterhaltung und Selbstbetrug mischen sich da sicher.

Alle sind gezeichnet als Opfer der Verhältnisse, auch wenn manche mehr Schuld auf sich laden als andere. Aber als ein ganz übler Schweinehund wird eigentlich niemand denunziert.

Wir wollten Zwischentöne zeigen, ohne zu vertuschen oder einen Brei anzurühren. Als wir bei Cycowski waren – er war damals 96 –, hat er uns mit leuchtenden Augen erzählt, daß er Berlin geliebt hat, wie nur irgend etwas. Es sei *seine* Stadt, von der er träume, noch einmal hinzufahren. Er war ein orthodoxer Jude aus Polen, aber er hat die Polen gehaßt, Deutschland hingegen geliebt auf abgöttische Weise. Auf jeden Fall waren die drei Juden Opfer, ihr Leid war sicher größer. Sie haben mehr gelitten als die anderen. Ob die anderen Täter waren? Schwer zu beantworten. Vielleicht war Biberti ein Täter. Aber letztlich waren sie alle unpolitisch.

Bei der Abschiedsszene auf dem Bahnhof, als die drei Juden sich ins Exil retten, haben wir sehr genau die Gesten jedes einzelnen bestimmt. So zündet sich der zurückbleibende Robert Biberti auf dem Bahnsteig eine Zigarre an. Das entspricht seinem Charakter. Aber auch denen, die in Deutschland blieben, wurde ja das Leben schwer gemacht. Sie suchten sich neue Leute und wollten weitermachen. Aber der Name »Comedian Harmonists« wurde verboten, weil er englisch war – sie nannten sich dann »Meistersextett«, bis Goebbels auch daran Anstoß nahm. Viele der erfolgreichen Lieder durften nicht mehr gesungen werden, weil sie von jüdischen Komponisten stammten. Oder weil der Text von einem Juden war. Oder das Arrangement. Sie haben sich angepaßt und mußten dann sehen, wo sie blieben. Aber es hat alles nichts genutzt; am Ende sind sie ganz verboten worden.

Warum sind nicht alle gemeinsam ins Exil gegangen?
Diese Frage stand natürlich im Raum, als man die wachsenden Schwierigkeiten nicht mehr übersehen konnte. Spätestens 1934 bei dem Gastspiel in New York wurde darüber auch gesprochen oder gestritten.

Biberti sagte, daß er seine alte Mutter nicht allein lassen könne in Deutschland, aber von heute aus betrachtet, kann man nicht recht verstehen, warum sie nicht im Ausland geblieben sind. In Frankreich war das Lied *Das ist die Liebe der Matrosen* (auf französisch gesungen) wie eine zweite Nationalhymne. Die Platte wurde zweihunderttausendmal verkauft. Das muß man sich mal vorstellen für die damalige Zeit.

In Amerika habe ich mir Originalaufnahmen vom Konzert der Harmonists auf dem Flugzeugträger Saratoga in New York vor der versammelten Atlantik- und Pazifikflotte der USA angesehen. Anfangs hatten wir schon überlegt, sie mit in unseren Film einzubauen, aber die Qualität

Rolf Hoppe als Julius Streicher

war doch zu schlecht. Wir haben es gelassen. Aber man konnte im Film die Hunderte Schiffe sehen, die nach dem Harmonists-Konzert ihre Sirenen heulen ließen, aus Feuerschiffen sprühten Fontänen. Und in Holland, Italien, in Skandinavien, Rußland, in Südamerika, Südafrika, Australien ... überall wurden sie gefeiert. Sie hätten gewiß im Ausland bleiben können, ohne hungern zu müssen. Aber es gab verschiedene Gründe für jeden, bestimmte Sachen zu tun oder nicht. Wir zeigen im Film einige.

Werden im Film eigentlich die Originaltonaufnahmen der Comedian Harmonists verwendet?

Die alten Aufnahmen sind natürlich von der Technik her nicht optimal, aber wir haben von Anfang an gesagt, daß es sinnlos ist, einen Comedian Harmonists Film zu machen und dann die Lieder nur nachsingen zu lassen. Von der Geschichte her wäre es egal gewesen. Es gibt ja viele Gruppen heute, die die Harmonists nachmachen, aber das Original ist um so wahnsinnig viel besser gewesen. Ari Leschnikoff und Robert Biberti hatten einfach Stimmen, die man nicht so einfach kopieren kann. Aber vor allem war der Zusammenklang eben etwas ganz einmaliges. Daß das so funktioniert hat – wie ein Sechser im Lotto. Niemand bekommt das heute so hin. Es klingt so leicht, aber das ist gerade das Wahnsinnige; die Partituren sind das Schwierigste, was man sich überhaupt vorstellen kann.

Wir haben beispielsweise versucht, manche Musiken zu kürzen: Unmöglich! Man kann später reingehen oder früher rausgehen, aber mittendrin zu kürzen ist nicht zu schaffen; so perfekt ist das alles gemacht. Spezialisten haben sich darangesetzt ... keine Chance. Nicht kopierbar, wie perfekt die Stimmen auch immer sind. Wenn man etwa die *Hudson Shades* (sie gelten als die besten Nachahmer der Harmonists in Amerika) hört – großartig; aber schneidet man ein Lied ineinander und vergleicht genau, sind die Harmonists um Längen besser.

Wir verwenden also die Originalaufnahmen. In Wien, bei dem besten Spezialisten in Europa für solche Dinge, haben wir die Originale so bearbeiten lassen, daß man das Rauschen nicht hört und die Tonqualität, die heute in guten Kinos geboten werden kann, erreicht wird. Ohne daß vom Gesang der sechs Männer selbst etwas verlorengeht, auch die Raumatmosphäre, das Publikum – alles ist da!

Die eigentliche Filmmusik, also das, was nicht von den Harmonists gesungen wird, wurde für den Film von Harald Kloser, den ich in Los Angeles getroffen habe, komponiert und mit einem 150köpfigen Orchester eingespielt.

Auftritt unterm Hakenkreuz

Aber im Film gibt es anfangs auch einige Probensituationen, in denen der Sound noch nicht vorhanden ist, sondern erst gefunden werden mußte. Die gibt es natürlich nicht auf Tondokumenten, etwa auf Schellackplatten?

Das mußten wir nachsingen lassen (von den *Tailed Harmonists*), zunächst fehlerhaft und dann immer besser werdend. Falsch singen ist ja eine hohe Kunst, wenn man eigentlich absolut perfekt singen kann. Das war nicht einfach für die Sänger; sie mußten lange üben, bis sie so *falsch* sangen, wie wir es brauchten. Na, und auch dazu mußten die Schauspieler ihre Lippen synchron bewegen. Bei allen sechs Sängern muß das ja auf den Bruchteil einer Sekunde stimmen; das haben die mit unheimlichem Engagement trainiert und dann auch großartig geschafft.

Kann man im nachhinein noch etwas korrigieren, vielleicht durch Verlangsamung oder Beschleunigung des Films kleine Abweichungen in der Synchronisation überdecken?

In der Bildbearbeitung kann man nichts mehr machen. Es muß auf den Punkt genau kommen. Aber ich muß sagen, daß die Jungs ein ungeheures Engagement hatten. Die haben wahnsinnig geübt. Mir geht es inzwischen so, daß ich das Gefühl habe, sie singen selbst. Jedes Bum Bum und Da Da muß auf die hundertstel Sekunde stimmen. Unser Joker war Kai Wiesinger; das war ganz lustig unter den Schauspielern. Alle haben gewußt: wenn sie sich versingen, ist der Pianist oft im Bild. Da war der Ehrgeiz natürlich riesig. Sie waren die absoluten Überperfektionisten. Wenn wir beispielsweise bis abends um acht gedreht haben, haben die danach noch bis nach Mitternacht geübt, damit alles tausendprozentig sitzt. Die waren selber besessen. Alle sechs. Beim Drehen haben sie sich immer wieder gesucht. Unzertrennlich. Jeder hat seine Rolle nicht gespielt, sondern gelebt.

Das klingt nach der berühmten Vilsmaierschen *Familienharmonie* beim Dreh?
Jaaa, mai ... die sechs waren einfach grandios. Ich freu mich schon wahnsinnig drauf, daß wir gemeinsam auf Tour gehen zum Filmstart. Im Film selbst war es für mich das Wichtigste, daß die Gruppe im Vordergrund steht. Wie verschieden die einzelnen auch immer waren. Ich glaube, daß Biberti ein Machtmensch war. Frommermann stellte ich mir in der Vorbereitungsphase immer so vor wie Woody Allen. Anfangs wußte ich nicht so genau, wohin der Weg führt. Wie ist die Harmonie? Wie entwickelt es sich? Was diese sechs zusammengeschweißt hat, wollte ich zeigen. Und wie es trotzdem zerbrach am Schluß.

Es gibt im Film sehr viel Komik; durch das Ende aber enthält die Handlung natürlich auch sehr viele tragische Elemente. Besteht die Gefahr, daß sich das gegenseitig neutralisiert, aufhebt?
Das Leben der sechs jungen Leute war damals eben auch unwahrscheinlich lustig. Die Späße, diese Lebenslust gehört ja dazu, und die hört man ja auch in der Musik. Aber jeder, der die Geschichte kennt, weiß, daß da irgendwann eine Trennung kommen muß. Das mußten wir natürlich zeigen.

Für das Publikum ist es bei sechs Hauptdarstellern nicht ganz einfach, sich mit einem Helden zu identifizieren, mit ihm zu leiden oder sich zu freuen. Es steht ja keiner so völlig und ohne Fehl und Tadel im Mittelpunkt. Außerdem der historische Stoff – ist es nicht überhaupt riskant, ein junges Publikum für diesen Film zu gewinnen?
Ach, eigentlich waren die Comedian Harmonists die erste »Boygroup« der Welt ... da liegen wir doch absolut richtig! Aber im Ernst; wenn ich mal rumgefragt habe: »*Kennt Ihr eigentlich die Comedian Harmonists?*«,

habe ich schon öfter gesagt bekommen: »*Nein, wer ist das?*« Aber was das Schöne ist: Ich habe noch niemanden getroffen, der die Musik nicht kennt. Wenn man anfängt, die Lieder vorzusingen … *Veronika, der Lenz ist da* oder *Wochenend und Sonnenschein…* »*Ach, die, ja klar kenne ich das.*« Die Musik kennen sie alle. Und wir haben sie ja absolut eingebaut in die Handlung. Wir wollten ja keinen Musikfilm machen in dem Sinne, daß sich die Leute auf die Bühne stellen, lossingen, und das war's dann. Bei uns kommentieren die Textzeilen, die gesungen werden, immer die Handlung, die politischen Umstände, die persönlichen, Glück oder Liebesleid, oder alles zusammen. Und deshalb glaube ich auch, daß wir ein junges Publikum für unseren Film interessieren können. Das wird sich zeigen, wenn er in die Kinos kommt, aber ich hoffe es natürlich. Bei meinem Film *Herbstmilch* war ich anfangs ganz sicher, daß nur ältere Leute sich dafür interessieren würden, die das alles miterlebt haben. Aber als ich nach zwei Monaten dann in die Kinos gegangen bin, um nachzuschauen, was so passiert: Alles junge Leute! Diese ganz gewöhnliche, ans Herz gehende Liebesgeschichte interessierte die Jugendlichen genauso. Die jungen Menschen sehnen sich – glaube ich – danach, von dieser Hektik um sie herum auch immer wieder wegzukommen. Sie wollen Gefühle erleben. Die Generation der heute 15- oder 16jährigen ist doch eine ganz tolle Generation. Wie zum Beispiel die beiden Geschlechter miteinander umgehen … diese Sehnsucht nach Zärtlichkeit, nach Zweisamkeit … also, das ist kein Vergleich mit unserer Generation damals. Bei uns war es irgendwie, als wenn man den Wolf losläßt. Ich finde ganz toll, was die jungen Leute heute für Ideale und Werte haben. Aber manchmal wird das gar nicht richtig sichtbar, weil die Zeit heute so verlogen und grausam ist.

Ein Film mit einem Stoff, der um 1930 spielt, für ein Publikum von heute – welche ästhetischen Konsequenzen hat das für den Film?
Wenn man die Harmonists mit ihren Nachahmern vergleicht, macht man eine interessante Entdeckung; es gab ja zahllose Nachahmer, schon 1929 ging das los. Jede Plattenfirma hat sich eine Gruppe gesucht, die sich an den Erfolg dranhängen sollte. Und heute gibt es immer noch oder wieder sehr viele Gruppen, die die Harmonists kopieren, in Amerika, in Europa, hier in Deutschland natürlich. Tolle Truppen mit tollen Stimmen. Aber trotzdem: Es gab damals einen Werbespruch für die Harmonists: Oft kopiert, nie erreicht. Und das stimmt auch, bis heute. Die Nachahmer wollen immer recht lustig sein. Aber wenn man genau schaut, waren das die Harmonists ja gar nicht. Sie waren komisch durch ihre Blicke, durch ganz kleine Bewegungen. Das war wenig, aber gerade dadurch hat es gewirkt. Weniger ist mehr, würde ich in diesem Fall sagen.

Das war auch für unseren Film ein Ausgangspunkt. Natürlich habe ich mich am Anfang gefragt, wie ich an den Film herangehe. Mit welcher Ästhetik? Show? Videoclip? Schnelle Schnitte? – Es gibt einen einzigen Mittschnitt eines Auftritts der Harmonists; sie singen *Veronika, der Lenz ist da*. Und was haben sie gemacht? Wenig. Deshalb wollten auch wir nicht mit Firlefanz *draufsatteln*. Für unsere Zeit ist mir ganz wichtig, daß man aus dieser Schnelligkeit, aus der Schnelligkeit des Sehens auch, herauskommt. Daß man zur *Normalität* zurückfindet. Nicht diese schnellen Schnitte, von denen man ganz wirr im Kopf wird. Die Langsamkeit läßt viel mehr Nachdenklichkeit zu, und das ist wichtig. Man kann als Zuschauer die Geschichten weiterdenken, man kann sich ein paar Tage später darüber unterhalten, diskutieren, streiten. Jeder denkt sich ja den Film anders weiter in seinem Kopf. Das möchte ich als Regisseur. Und Gefühle wecken!

Wie hoch war das Budget?
Knapp 14 Millionen. Das ist schon eine Größenordnung, mit der man sehr viel machen kann. Aber auf der anderen Seite mußten wir doch enorm rechnen. Wenn man sechs Hauptdarsteller hat, ist das natürlich teurer als mit einem einzigen. Und wir brauchten sie über einen ziemlich langen Zeitraum, weil viel geübt werden mußte, um die Mundbewegungen und Gesten synchron zur Musik hinzubekommen. Da hat man erst gemerkt, wie raffiniert, wie schwierig die Lieder eigentlich sind. Außerdem braucht man bei einem historischen Film unheimlich viele Utensilien, die man nicht so einfach bekommen kann. Bei den Schauspielern haben wir erste Garde besetzt bis in die Nebenrollen. Da gab es keine Kompromisse. Wir mußten also bei dem Drumherum sehr sparen, die Logistik optimal organisieren, ganz konzentriert arbeiten und auf Glück hoffen, denn es gab keinen Puffer. Anfangs waren 49 Drehtage geplant; das wurde schließlich auf 40 reduziert. Aber ich will vor allem eine Geschichte erzählen und an der dranbleiben. Ein Dreh mit Hunderten Komparsen auf großen Plätzen im Freien, die auch entsprechend hergerichtet werden müssen, ist nicht immer notwendig. Ungeheure Ausstattung reißt nichts raus, wenn die Geschichte nicht stimmt.

Ließ sich im großen und ganzen verwirklichen, was geplant war?
Ich muß sagen, wir haben sehr viel Glück gehabt. Beispielsweise in New York. Dort war unser erster Drehtag. Wir hatten versucht, alles gut vorzubereiten. Aber Drehgenehmigungen zu bekommen, ist in Amerika normalerweise sehr schwierig. So sind wir am Ende einfach hingefahren und hofften, daß es schon irgendwie gehen wird. Die Technik wurde vor-

In einem zweifelhaften Etablissement ...

geschickt, damit wir auf dem Flughafen nicht so auffallen. Dann ging es
los, wir hatten ja nur wenige Tage Zeit. Der Flugzeugträger, er liegt heute
als Museum im Hudson River, mußte hergerichtet werden. Ebenso die
Uniformen, die Komparsen. Das ist ja alles unheimlich aufwendig. Ursprünglich wollten wir Komparsen aus der Navy nehmen. Das wäre
natürlich billiger gewesen, weil beispielsweise die Haare schon kurz sind
und man alles sowieso einfacher organisieren könnte. Aber wir mußten
vorher an die Armeeführung das Drehbuch schicken ... und dort fand
man, daß das Wort Scheiße in einem Film, bei dem die Army mitmacht,
nicht vorkommen darf. Und daß einige Szenen im Puff spielen, fanden
sie auch nicht korrekt, so daß aus der ganzen Sache nichts wurde. Also
mußten wir selbst Komparsen besorgen. 4000 Männer à 200 $ wären zu
teuer gewesen. Deshalb haben wir mit viel weniger gedreht, und der Rest
muß digital gemacht werden.

Insgesamt hat New York vielleicht 300 000 Mark gekostet. Das geht eigentlich noch, wenn man bedenkt, was alles herausgekommen ist.

Das klingt trotzdem ziemlich dramatisch. Ein etwas größeres Budget wäre vermutlich schon ganz willkommen gewesen?

Ach, ich will nicht klagen. Wir haben den Film bei der Berliner Filmförderung eingereicht, leider nichts bekommen, obwohl es ein besseres Thema für Berlin gar nicht geben kann. Das hat uns schon sehr leid getan. Ich war richtiggehend entsetzt. Aber die Berliner können nichts dafür. Wichtige *Berliner* Szenen mußten wir deshalb in Wien drehen, was natürlich ziemlich absurd ist. Wir machen nun eine große Premiere trotzdem in Berlin. Ich hab meinen Frieden wieder gefunden.

Gab es mal eine Überlegung, den Film in Englisch zu drehen?

Ich habe es abgelehnt, nur in Englisch zu drehen; es ist ein deutscher Stoff. Aber anfangs gab es die Überlegung, den Film in zwei Sprachen zu machen. Also keine Synchronisation, weil das in Amerika keiner akzeptiert, sondern alles doppelt drehen. Mit denselben Schauspielern. Aber das ist letztlich am Geld gescheitert. Man braucht viel mehr Drehtage; 1,5 Millionen wären die unterste Grenze gewesen, die das teurer gewesen wäre.

Wie lange hat es gedauert von der Idee und der Vorbereitung bis heute, da der Film fertig ist?

Gar nicht so lange eigentlich, vielleicht drei Jahre. Die Idee stammt von Jürgen Büscher, der bei *Schlafes Bruder* am Drehbuch und an der Dramaturgie mitgearbeitet hatte. Den Ausschlag gab später ein Treffen mit Roman Cycowski, den wir in Palm Springs besuchten. Er ist der einzige der sechs, der heute noch lebt. Im Januar 1998 wird er 97 Jahre alt.

Es wäre schön gewesen, diesen Mann, diese Legende, einfliegen zu lassen zur Filmpremiere in Berlin, aber er ist doch zu krank jetzt, wie uns seine Frau neulich am Telefon sagte. Er ist einfach Geschichte. Und er kann wunderbar erzählen. Er ist sehr geradlinig, wenn er redet, wie er auch in seinem ganzen Leben geradlinig war. Wahrscheinlich ist er auch deshalb so alt geworden. Er konnte das Leben einordnen, einteilen und hat aus seinen Ansichten kein Hehl gemacht.

Cycowski war vielleicht der einzige, für den es ein Leben nach den Harmonists gab ...

Es hat für ihn ein Ziel gegeben, und das hat ihn glücklich gemacht. Irgendwie ist für Cycowski das Konzert in einer anderen Richtung weitergegangen. Er war ja ein berühmter Kantor in San Francisco und hatte ein riesiges Publikum. Er hatte seine Erfüllung, während Frommermann völlig verzweifelt war, daß dieser Welterfolg einfach in die Brüche ging.

Beim Dreh: Thomas Louis Pröve und der Regisseur

Immer wieder machte er neue Anläufe, mit der Exilgruppe gleich 1935, die ja auch vorübergehend recht erfolgreich war, dann in Amerika, in Italien mit Frauen als Sängerinnen … immer scheiterte es an irgendwelchen blödsinnigen Kleinigkeiten. Es ging einfach nicht noch einmal.

Hat der Regisseur ein Lieblingslied?
Wir hören ja die Lieder seit Monaten gewissermaßen Tag und Nacht. Während der Vorbereitung, beim Einstudieren und Drehen, in der Postproduction. Die Musik geht mir noch im Traum durch den Kopf! Ich liebe nicht alle Lieder, manche mag ich nicht so. *Der Kleine grüne Kaktus* gefällt mir, *Die schöne Isabella aus Kastilien*, auch *In einem kühlen Grunde*. Aber das schönste ist für mich dasjenige, mit dem unser Film endet: *Auf Wiedersehn, my Dear. Gib mir den letzten Abschiedskuß …*

Gespräch mit Roman Cycowski

Hören Sie noch manchmal Platten der Comedian Harmonists?
O ja. Ich höre sie viel lieber als früher.

Warum?
Ja, wenn ich es vergleiche mit den anderen Ensembles von heute, den King-Singers zum Beispiel, sind die groß, die Comedian Harmonists. Ich erkenne, daß die Gesangstechnik, die die Comedian Harmonists gebraucht haben, sehr groß war. Ich höre sie sehr gerne. Auch die Stimmen. Leschnikoff und so on.

Hören Sie die Stimmen gern, weil es Ihre alten Freunde sind?
Ja. Es war eine große Freundschaft zwischen uns allen; das hat auch viel geholfen. Wir haben gerne zusammen gearbeitet. Es ist eine schlimme Vorstellung, daß sie alle tot sind.

Was ist Ihr Lieblingslied?
Ich hab sie alle gern gehört. Aber vielleicht *Ali Baba*.

Ein Lied, das Sie in Deutschland nach 1933 nicht mehr so einfach singen durften?
Es gab ein Verbot, wir durften keine ausländische Musik machen; aber wir wußten, daß wir nicht existieren können ohne ausländische Musik. Wir ahnten es. Nur mit deutschen Volksliedern war es nicht möglich. Deswegen haben wir überlegt, aus Deutschland wegzugehen, aber Biberti sagte, er kann seine Mutter – eine sehr nette Frau – nicht überall in der Welt mit herumschleppen. Er muß dableiben.

Die drei Nichtjuden blieben dann ja in Deutschland, als wir 1935 weggingen, sie suchten sich drei neue Stimmen und nannten sich Meistersextett, aber das war kein Erfolg. Warum? Sie waren in der Musik gehandicapt. Weil sie nur deutsche Volkslieder singen durften und so on.

Die Harmonists hatten ja zuvor sehr großen Erfolg im Ausland ...
Schon, aber es war gar nicht viel Zeit zum Rumfahren. Wir haben in Deutschland so viele Konzerte gehabt, und die Summen, die sie bezahlt haben, waren groß. Wir haben für jedes Konzert dreitausend Mark bekommen. Das war ja damals sehr viel Geld. Natürlich, wenn wir zusammengeblieben waren, hatten wir die ganze Welt besucht, aber ... wir mußten aufhören.

Haben Sie diejenigen, die in Deutschland geblieben sind, später noch einmal wiedergetroffen?

Nur Erwin Bootz, den Pianisten; er war sehr begabt. Als wir uns trafen, arbeitete er als Kapellmeister in Bochum am Stadttheater. Er ist nach Hamburg in unser Hotel gekommen und hat sich sehr gefreut, uns zu sehen. Er hat mir gesagt, es sei eine falsche Behauptung, daß er sich von seiner Frau nur deshalb getrennt hätte, weil sie Jüdin war. Es waren ganz andere Gründe. – Aber ich glaube, er hat Angst gehabt, daß sein Beruf darunter leiden würde, wenn es bekannt wird. Deshalb hat er es getan. Wir haben gesessen, uns gut unterhalten. Er wollte eine Flasche Champagner bestellen, aber ich sagte: Nein, ich will keinen Champagner. – Ich konnte doch nicht ganz darüber hinweggehen.

Sie hatten vor den Comedian Harmonists an der Oper gesungen, und Sie haben auch danach, als die Gruppe auseinanderbrach, weiter als Sänger gearbeitet?

Ja, ich war ja an der Oper, nachdem ich aus Polen nach Deutschland gekommen war, ungefähr sechs, sieben Jahre. Dann habe ich 1928 bei den Comedian Harmonists begonnen und mir gesagt: Ich werde Geld sparen und später wieder zurückgehen, studieren in Italien und Opernsänger bleiben. Nun, dann ist Hitler gekommen, und es hat sich anders entschieden. Ich hab das aufgegeben.

Was taten Sie statt dessen?

Mein Vater – er wollte nicht, daß ich Sänger werde, aber wenn du schon Sänger bleiben willst, sagte er, dann werde Kantor –, das habe ich ihm versprochen. 1941 habe ich ein Telegramm aus der Schweiz bekommen von Collins Mutter, daß mein Vater auf der Straße im Lodzer Ghetto umgebracht wurde, und zwar von den Polen, nicht von den Nazis. Da habe ich zu meinen Kollegen, zu Frommermann und den anderen, gesagt: Ich werde mein Versprechen halten; ich gebe euch drei Monate Zeit, mich zu ersetzen durch einen anderen Bariton. Ich will Kantor werden; und so ist es auch passiert. So bin ich nach Kalifornien gekommen. Seit damals war ich Kantor. Ich habe aber nebenbei immer noch Arien gesungen und Konzerte gehabt.

Sie und Ihre Frau haben beide ein aufregendes Leben hinter sich …

Ja, es war angenehm. Immer interessant. – Das kleine Ding, was Sie uns da gegeben haben, was ist das? Ist das eine Platte?

Eine CD. Mit Liedern von den Comedian Harmonists.

PORTRÄTS

Ben Becker als Robert Biberti,

geboren 1964 in Bremen als Sohn des Schauspielerehepaares Monika Hansen und Rolf Becker. Aufgewachsen in Berlin bei seiner Mutter und ihrem Lebensgefährten, dem Schauspieler Otto Sander. Nach einem Job als Bühnenarbeiter an der Berliner Schaubühne 1985 bis 1987 Schauspielunterricht, Debüt am Hamburger Ernst-Deutsch-Theater als Karl in Hebbels *Maria Magdalena*. Zu seinen prägendsten Aufgaben zählt Ben Becker die Darstellung des Ferdinand in Schillers *Kabale und Liebe* (1991/92, Stuttgarter Staatstheater), des Tybalt in Shakespeares *Romeo und Julia* (1993/94, Hamburger Schauspielhaus) und die zwei Fernsehfilme mit Bernd Böhlich *Landschaft mit Dornen* (1991, Adolf-Grimme-Preis in Silber) und *Totes Gleis* (1994, Grimme-Preis in Gold). Im Kino Rollen seit 1987, u. a. in *Das serbische Mädchen* (Regie: Peter Sehr), *Der Brocken* (Regie: Vadim Glowna), *Das Fest* (Hauptrolle neben Mario Adorf) und in *Schlafes Bruder* (Regie: Joseph Vilsmaier).

Neben intensiver Theater- und Filmarbeit als Schauspieler schreibt und inszeniert Ben Becker auch selbst, z. B. *Sid & Nancy* (1995); ebenso textet und singt er (1997 CD *Und lautlos fliegt der Kopf weg*).

Mit Vilsmaier zu arbeiten, macht einfach Spaß, er ist einer der wenigen bayrischen Anarchisten, die ich kenne, ein Bauchmensch! Er schafft es, mich unglaublich zu motivieren, ganz jenseits von simplem Job und Auftrag, gerade weil er mir als Schauspieler große Freiheiten läßt. Wenn sechs Schauspieler über so lange Zeit so eng aufeinander hocken … ziemlich erstaunlich, daß es nicht zu bösartigen Problemen kam, sondern daß durch Disziplin, Spaß, Reibung etwas entstand, was es heutzutage selten gibt: Ensemblearbeit.
Ich glaube, das sieht man dem Film auch an.

Heino Ferch als Roman Cycowski,

geboren 1963 in Bremerhaven als Sohn eines Kapitäns; erste Bühnen-auftritte als Schüler. Nach einer Karriere als Turner, in der er es bis zur Bundesliga brachte, und dem Abitur studierte er von 1984 bis 1987 am Mozarteum in Salzburg Schauspiel. Engagements führten ihn 1987 bis 1990 unter der Intendanz von Hans Neuenfels an die Freie Volksbühne Berlin, 1990 bis 1994 ans Berliner Schillertheater unter Leitung von Alfred Kirchner und Alexander Lang; er gastierte am Burgtheater Wien, an der Scala in Milano und bei den Salzburger Festspielen. Regisseure wie Hans Neuenfels, Ruth Berghaus, Alexander Lang, Katharina Thal-bach und Peter Zadek übertrugen ihm große Rollen.

Seit seinem Studienabschluß hat Heino Ferch in mehr als 25 Fernseh-filmen mitgespielt (darunter 9 Filme von Uwe Janson). Im Kino debü-tierte er bei Peter Schamoni (*Schloß Königswald*, 1987) und spielte u. a. in Filmen von Heiko Schier (*Wedding*, 1989; *Wer hat Angst vor Rotgelbblau?*, 1990; *Alles Lüge*, 1991), Wim Wenders (*In weiter Ferne so nah*, 1992), Wolf-gang Becker (*Das Leben ist eine Baustelle*, 1995). Hervorragende Kritiken bekam er für seinen Part in Maris Pfeiffers *Küß mich!* (1995), als Ober-sturmbannführer Raufeisen in Volker Schlöndorffs *Der Unhold* (1996) und als Klaus Barbie in dem französischen Streifen *Lucie Aubrac* (Regie: Claude Berri, 1996). Zuletzt spielte Heino Ferch in Tom Tykwers *Winter-schläfer* (gedreht 1996) und *Lola rennt* (gedreht 1997) und in Sherry Hor-mans *Widows* (gedreht 1997).

Irgendwann krachts – dachte ich, als ich begann, mich mit dem Projekt »Comedian Harmonists« zu beschäftigen. Sechs Schauspieler, ansonsten gewöhnt an Rollen als dominierende Protagonisten, sollen eine Einheit werden!?!
Wir trafen uns zu Proben, vier Wochen vor Drehbeginn, und arbeiteten Stück für Stück an der großen Unbekannten. Dem X. Dem Gesamteindruck der Gruppe. Und haben schnell begriffen, daß viel weniger – viel mehr ist. Wieder einmal. Darauf bin ich ziemlich stolz.
Sepp Vilsmaier schafft ein Klima, in dem jeder das macht, was er am besten kann. Eine Gabe.
Danke, Sepp.

Ulrich Noethen als Harry Frommermann,

geboren 1959 in München, Schauspielstudium an der Hochschule für Musik und Darstellende Kunst in Stuttgart, 1986 Bühnenreifezeugnis. In *Comedian Harmonists* gibt er sein Leinwanddebüt; als Theaterschauspieler ist Ulrich Noethen schon seit Jahren eine feste Größe: Erstes Engagement an den Städtischen Bühnen in Freiburg i. Br. (1985–88), Gründungsmitglied beim ZeltEnsemble Birach (1987/88). Von 1988 bis 1993 arbeitete er zunächst am Schauspiel Köln und ab 1990 an den Staatl. Schauspielbühnen Berlin – unter vielen anderen – mit den Regisseuren Manfred Karge, Frank Castorf, Max Faerberböck, Wilfried Minks, Alexander Lang, Thomas Langhoff, Katharina Thalbach, Wolfgang Engel und Hans Neuenfels. Nach der Schließung der Staatl. Schauspielbühnen durch den Berliner Senat 1993 »entdeckte« ihn das Fernsehen. Zunächst Jan Hinter für die ARD-Serie *Die Partner* (1994/95), ehe ihn Dominik Graf für seine TV-Filme *Frau Bu lacht* und *Sperling* verpflichtete. 1996 folgten *Der Ausbruch* (Regie: Mark Schlichter), *Busenfreunde* (Regie: Thomas Berger), und *Der Skorpion* (Regie: Dominik Graf). Bevor ihn 1997 Joseph Vilsmaier auf Vorschlag von Ann-Dorte Braker in *Comedian Harmonists* besetzte, drehte er den Fernsehfilm *Mein ist die Rache* (Regie: Thomas Jauch). Zuletzt stand er für Thomas Berger in *Dicke Freunde* vor der Kamera. Im Herbst 1997 wurde er kurz nacheinander mit dem *Goldenen Löwen* (für *Der Ausbruch*) und dem Bayrischen Fernsehpreis (für *Der Ausbruch* und *Busenfreunde*) ausgezeichnet.

Was mich an den Dreharbeiten zu Comedian Harmonists besonders beeindruckt hat, war die hohe Professionalität und Loyalität aller Beteiligten. Vilsmaier versteht es nicht nur, sich mit Leuten zu umgeben, die ihr Handwerk verstehen; er bringt ihnen auch Vertrauen entgegen – jeder arbeitete mit größtmöglicher Selbständigkeit. Darüber hinaus ist Vilsmaier ein Meister im Motivieren, ganz bayrischer Gemütsmensch voller Energie und Zuversicht: der Ton war immer direkt, manchmal rauh, stets herzlich. Ausgezeichnet fand ich auch die Zusammenarbeit von uns sechs Schauspielern, die die Gesangtruppe verkörperten: wir haben uns immer wieder gegenseitig geholfen, gepusht und – wenn nötig – auch gebremst. Nie hat sich einer auf Kosten der anderen in den Vordergrund gespielt.
Die Arbeit hat Spaß gemacht – trotz vieler Zweifel und kalter Füße zwischendurch. Ich würde es sofort wieder tun.

Heinrich Schafmeister als Erich A. Collin,

geboren 1957 in Essen als Sohn eines Richters, erhielt früh Klavier- und Gitarrenunterricht, gründete mit 13 eine erste Beatband und hat große Pläne. Ab 1973 Gymnasium mit Internat in Coesfeld. Wegen »katholischer Schwierigkeiten« 1976 Verweis aus dem Internat. Trotzdem Abitur, danach Zivildienst. Ab 1977 Germanistikstudium, Jobben und Spielen in verschiedenen Rockbands. Tingeln mit dem Rocktheater *Kamikaze Orchester*, Musikstudium fürs Lehramt. 1980 die große Wende: Schauspielstudium an der Folkwangschule Essen bis zum Abschluß 1984. Danach Theater in Aachen; Beginn mit verschiedenen Rollen in *Faust I*, 1986 Herbert in Achternbuschs *Mein Herbert*, 1990 Tellheim in Lessings *Minna* (Kaiserslautern) u. v. a. Seit 1989 in zahlreichen TV-Filmen und Serien; im Kino seit 1984 Rollen in Filmen vor allem von Dominik Graf (*Treffer*, *Die Katze*, *Tiger Löwe Panther*, *Die Sieger*) und Sönke Wortmann (*Kleine Haie*, *Der bewegte Mann*, *Der Campus*). 1996 Titelrolle in Jürgen Eggers *Harald*.

Selten habe ich in einem Film mitgespielt, bei dem alles, was nach Desaster riecht, so großartig ausgeht. Beispielsweise die Schwimmbadszene: seit 2 Tagen strippt es Bindfäden; Sepp Vilsmaier: »mir dreh'n trotzdem, koane Zeit, koan Geld für oan zusätzlichen Drehtag«. Also fahren wir stundenlang zum Drehort, proben noch mit Regenschirm und überlegen gerade, ob es halbwegs glaubhaft zu spielen ist, daß die Leute sich bei Regen auf die Wiese legen ... plötzlich reißt der Himmel auf; strahlende Sonne, perfekter Dreh. Zehn Minuten nach der letzten Klappe war ich noch baden – da regnete es längst wieder.
Wenn mich jemand fragte: »Wie läuft's denn so?«, gab's nur eine Antwort: *»Seppverständlich!«*

Max Tidof als Ari Leschnikoff,

1960 in Polch geboren, begann seine Schauspielkarriere 1979 beim Studiotheater München, wo er bis 1984 blieb. Weitere Bühnenengagements hatte er bei den Münchner Kammerspielen (1984), beim Schauspiel Bonn (1987/88) und an der Berliner Schaubühne (1990). Erstmals im Fernsehen 1982 (*Rote Erde*, Regie Klaus Emmerich), danach viele tragende Rollen in Serien und Fernsehfilmen wie Reinhard Schwabenitzkys *Ihr & Wir* (1986), Peter F. Bringmanns *Gambit* (1986), in *Mocca für Tiger* (1991, Regie: Thomas Nennstiel), *Kopfjagd* (1994, Regie: Eric Civanyan), *Terror* (1994, Regie: Donald Crombie), *Nadine nackt im Bistro* (1996, Regie: Ecki Ziedrich). Erstes Kinoengagement 1985 in Slavo Luthers *Vergeßt Mozart* (1984); danach u. a. in Monica Teubers *Silent Night* (1987), Katja von Garniers (*Abgeschminkt*, 1992), Peter Welz' (*Burning Life*), in *Ludwig 1881* (1993, Regie Fosco und Donatello Dubini) und *Hannah* (1996, Regie Reinhard Schwabenitzky).

Das erstaunlichste an diesem Film ist, daß er zustande kam! Ich sitze in einem Wust von Zetteln und versuche, eine Vorstellung davon zu vermitteln, was diesen Film ins Laufen brachte oder während der Dreharbeiten passierte: Alles Quatsch! Es ist die Musik!
Meine Tochter sitzt vor mir, mit Kopfhörern auf den Ohren und einem seligverblödeten Lächeln auf den Lippen, und singt: »Liebling, mein Herz läßt dich grüßen ...« Das Kind ist dreieinhalb Jahre alt und hört diesen Mist seit über einem Jahr.
Wenn wir mit unserem Film nur einen Funken von dem erwischt haben, was die Harmonists mit ihrer Musik erreicht haben, dann ... Hallelujah!

Kai Wiesinger als Erwin Bootz,

geboren 1966 in Hannover. Als er im Jahre 1985 sein Abitur ablegte, hatte er schon damit begonnen, am Niedersächsischen Staatstheater bei Günter Kütemeyer und Wolfgang Pauls privaten Schauspielunterricht zu nehmen. Nach dem Zivildienst als Rettungssanitäter (1985–1987) setzte Wiesinger seine private Schauspielausbildung in München fort. 1990 Bühnendebüt am Münchner Teamtheater in der männlichen Titelrolle von *Harold und Maude*. Anschließend hatte er eine eigene Theatergruppe und spielte unter anderem am Bayerischen Staatstheater. 1991 gab Kai Wiesinger in Sönke Wortmanns *Kleine Haie* sein Leinwanddebüt. Die Rolle des prüfungsängstlichen Schauspielers Johannes brachte ihm auf Anhieb den Bayerischen Filmpreis als bester Darsteller ein. Weitere prägnante Rollen übernahm Wiesinger in dem *Beatles*-Film *Backbeat* (1993) und, an der Seite von Barbara Auer und Thomas Heinze, in Sherry Hormanns Dreieckskomödie *Frauen sind was Wunderbares* (1993). Zuletzt war er in Roland Suso Richters Gefängnisfilm *14 Tage lebenslänglich* (1996) und in Dana Vávrovás vielbeachtetem Regiedebüt *Hunger – Sehnsucht nach Liebe* (1997) zu sehen.

Erwin Bootz ist der Pianist der Band, der auch theoretisch sehr viel über Musik weiß. Da er aus einem wohlhabenden Haus kommt, ging es ihm nie so schlecht wie einigen anderen Harmonists-Mitgliedern. In gewisser Weise hat er durch sein professionelles Auftreten als Musiker dem Rest der Gruppe etwas voraus. Andererseits war er ein Karrierist. 1934, als die drei Juden in der Gruppe keine Auftrittsgenehmigung mehr bekommen haben, hat er sich von seiner jüdischen Frau getrennt. Warum, weiß bis heute zwar keiner so genau, aber immerhin besteht die Möglichkeit, daß er es aus Gründen des eigenen Vorteils getan hat. Die Wahrheit hat er mit ins Grab genommen.

Stab

Regie Joseph Vilsmaier, **Drehbuch** Klaus Richter, **Dramaturgische Mitarbeit** Ulrich Limmer und Alfred Holighaus, **Kamera** Joseph Vilsmaier, **Zweite Kamera** Peter von Haller, **Dritte Kamera/Steady-cam** Jörg Widmer, **Künstlerische Mitarbeit** Thomas Louis Pröve, **Produktion** Perathon Film- und Fernseh GmbH, **Ausführender Produzent** Joseph Vilsmaier, **Produzenten** Hanno Huth, Reinhard Klooss, Danny Krausz, **Herstellungsleitung** Peter Sterr, **Produktionsleitung** Ralf Zimmermann, **Regieassistenz** Sven Blum, **Schnitt** Peter Adam, **Gesamtausstattung** Rolf Zehetbauer, **Set Dekoration** Bernhard Henrich, **Kostüme** Ute Hofinger, **Maske** Heiner Niehues, Ruth Philipp, Stefan Niehues, **Tonmeister** Heinz Ebner, **Musik** Harald Kloser, **Choreographie** Regina Weber

Förderungen Film Fernseh Fonds Bayern (FFF), Filmförderungsanstalt Berlin (FFA), Österreichisches Filminstitut (ÖFI), Österreichischer Rundfunk (ORF), Wiener Filmfinanzierungsfonds

Co-Partner Perathon Film- und Fernseh GmbH, Dor-Film Produktionsgesellschaft mbH, Iduna Film GmbH, Produktionsgesellschaft & Co., Bavaria Film GmbH, Senator Film Produktions GmbH, Televersal Film- und Fernseh-Produktion GmbH & Co.

Länge ca. 126 Minuten, **Format** Cinemascope, Dolby SRD

Besetzung

Robert Biberti Ben Becker, **Harry Frommermann** Ulrich Noethen, **Roman Cycowski** Heino Ferch, **Erich A. Collin** Heinrich Schafmeister, **Ari Leschnikoff** Max Tidof, **Erwin Bootz** Kai Wiesinger
Erna Eggstein Meret Becker, **Mary Cycowski** Katja Riemann, **Chantal,** *Collins Freundin* Noemi Fischer, **Ursula Bootz** Dana Vávrová, **Bruno Levy** Otto Sander, **Ramona,** *Puffmuter* Michaela Rosen, **Eric Charell** Günter Lamprecht, **Romans Vater** Gerard Samaan, **Gauleiter Streicher** Rolf Hoppe, **Hans** Lukas Miko, **Reichsmusikdirektor** Jürgen Schornagel, **Inspizient** Johannes Silberschneider, **Herr Grünbaum** Rudolf Wessely, **Frau Grünbaum** Susi Nicoletti **Gäste** Giora Feidman, Soloklarinette; Pasadena Roof Orchestra

DIE ORIGINAL-MUSIK ZUM FILM

COMEDIAN HARMONISTS

MEIN KLEINER GRÜNER KAKTUS
VERONIKA, DER LENZ IST DA
IRGENDWO AUF DER WELT
WOCHENEND UND SONNENSCHEIN
DIE LIEBE DER MATROSEN (ENGL.)
IN EINEM KÜHLEN GRUNDE
CREOLE LOVE CALL
LEBEWOHL, GUTE REISE
U.V.A.

ERSTMALS
100% RAUSCHFREI

WEITERE TITEL VON DEN REVELLERS UND GIORA FEIDMANN
FILMMUSIK VON HARALD KLOSER

SOUNDTRACK ÜBERALL IM HANDEL ERHÄLTLICH.

Electrola media

INTERNET: http://www.emimusic.de

EMI
EMI ELECTROLA